AK信托投资
实战手册

艾凯 著

WUHAN UNIVERSITY PRESS
武汉大学出版社

图书在版编目(CIP)数据

AK信托投资实战手册/艾凯著.—武汉：武汉大学出版社，2020.1(2022.4重印)

ISBN 978-7-307-21362-3

Ⅰ.A… Ⅱ.艾… Ⅲ.信托投资—中国—手册 Ⅳ.F832.48-53

中国版本图书馆CIP数据核字(2019)第286484号

责任编辑:唐 伟　　责任校对:汪欣怡　　版式设计:马 佳

出版发行:**武汉大学出版社** (430072 武昌 珞珈山)

(电子邮箱:cbs22@whu.edu.cn 网址:www.wdp.com.cn)

印刷:武汉邮科印务有限公司

开本:720×1000 1/16 印张:11.5 字数:204千字 插页:2

版次:2020年1月第1版 2022年4月第2次印刷

ISBN 978-7-307-21362-3 定价:35.00元

作者简介

艾凯，艾财爱家家族财富办公室创始人，2008年金融学毕业后先后在信托公司、证券公司、私募基金公司从事业务发展、证券分析、职业投资等工作。2015年创立艾财爱家，专注于给中国新兴的高知、高净值的家庭提供全面的家庭资产配置相关知识服务。笔者作为个人投资专家，以收取三方咨询费的形式，确保个人立场与投资者保持一致，在近五年总计为客户配置近50亿元资产，未出现一起无法兑付情况。在信托产品的选择上笔者一直保持着以底层资产为基础，以实战案例为指导，拒绝行业包装与利益诱导，保证个人与投资者利益一致，以取得最终的双赢局面。

前　言

“穷人死于 P2P，富人死于信托！”

——互联网评论！

这句话反映了两个基本事实：第一，国内资产较低的投资者主要投资渠道之一就是近几年兴起的以 P2P 为代表的互联网金融，而国内高净值人群主要投资方向则是以信托投资为主体。第二，无论是互联网金融还是信托，在 2017 年后开始的金融去杠杆与行业整顿中都出现了大量的风险事件。在经济社会投资本来是为了发挥资金的价值，获取一定的收益，让自己的劳动成果不至于被货币通胀给白白侵蚀。可投资不当造成的结果却是对家庭财务的重大打击，适得其反！所以投资前储备必要的知识就成为投资者的首要任务。

当我想买几本信托投资的相关书籍时，翻阅市面上的现有书籍，我发现了几个很明显的问题。

首先，角度问题。信托投资是一个小众投资品，而且产品结构设计多样，这意味着很少有普通投资者会有购书需求。市场上的信托投资书籍主要面向的是信托行业从业人员，这就造成了一个很严重的问题——对投资者不实用。举几个例子：曾经看过一本长达 500 页的相关作品，全篇都在讲产品设计原理、法律法规，如果是一个投资者看这本书，对其选择产品并没有多大帮助。还看过一个律师写的信托投资书籍，其中他列举了很多信托品种，可是让人发笑的是这其中有好几个品种最后都爆了雷，因为律师选择信托产品主要从法律角度考量，例如有没有承保方、相关文件是否权责清晰等。可是从投资的角度讲，我们需要重点考虑的是担保方的担保实力，包括：股东背景、财力状况、借新还旧能力等。

其次，信息透明度低。信托行业给一般人的感觉都有一些神秘，形成这个情况的原因是多方面的。从信托公司讲，如果出现违约情况和报道，它们会尽力隐藏才符合其实际利益。从融资方讲，从信托公司融资本身说明公司财务状况不佳，因为信托借款利息比银行利息高近一倍，融资方自然也不希望让太多人知道。从信托本身来讲，我国《信托法》要求其不准公开发行，同时对投资者资产要求高。这些原因造成的现状就是绝大多数文章提及信托公司、信托产品、违约事件等都是报喜不报忧，分析出问题时也是“点到为止”！

最后，试错成本高。相较于其他理财品种，信托的起步投资额最小是100万元，实际上通常需要300万元，这意味着信托投资过程中试错成本极高，甚至是不能错。在从事职业理财师的十年时间里，一般情况下任何投资品我都建议投资者自己可以投资一点点资金，积累一些实战经验，再辅助学习书本理论知识。但是这一点在信托上是不成立的，试错成本太高。

针对以上这三种情况，对于这本《AK信托投资实战手册》我就有了以下几点定位：

首先，以实用性为主。在写书的过程中我时刻提醒自己尽量少用一些金融理论和专业名词，尽量多用案例与实证，从信托运作的基础原理出发，力求实用性。希望一个信托投资者在学习过此书后，在未来的信托投资过程中能够学以致用。在写书的过程中笔者个人定位并非专业学者，而是一个纯粹的纠错人，所举的案件都是投资过程中容易犯的错误和一些信托项目常见问题。所谓实用，就是要学会规避错误，少犯错，降低犯错的成本，而不是追求绝对的正确。

其次，不追求完美。客观地讲，《AK信托投资实战手册》并不完美，毕竟此书只有十余万字，很难将金融行业中业务形式最多样的信托完美阐述，所以只能集中精力重点选取一些核心内容，沿着信托“高息贷”“项目运营逻辑”这两条主线讲。因为这是信托投资过程中进行可行性分析时最重要的两点要素，也是投资必须牢记于心的关键思维。

最后，强调变化。笔者接触过的很多投资者都希望有一条选择规则能够确保自己的投资万无一失。例如：“大信托公司的产品随便买，不会有问题；我过去十年买信托从来没有违约过；我在这家信托公司买了好多年从没有出过事；我投资信托只看抵押物，抵押没有问题，那就是没有问题”。类似这些投资经验或多或少都有一些道理，但是过于绝对，而且在静态看待信托投资品。世界唯一不变的就是变化，信托行业也是一样的。我们需要时时刻刻保持变化的眼光，保持警惕！

本书是一本纯投资工具书，工具的价值在于管用。这也注定了笔者不能在此书中投入太多个人投资哲学，多少会有些遗憾。但投资本身是以结果为唯一论证，工欲善其事，必先利其器！就让这本信托投资工具为您的家庭财富保驾护航，爱护好自己的财产才能爱护好自己的家人。

艾财爱家家族财富办公室创始人艾凯敬上！

目　录

第 1 章　了解信托 …… 1

1.1　中国信托发展简史 …… 1

1.2　信托的定义 …… 9

1.3　信托产品在投资市场的定位（信托产品与同类型产品的比较） …… 13

第 2 章　信托投资市场现状分析 …… 20

2.1　68 家信托公司分析 …… 20

2.2　信托产品的竞争力 …… 25

2.3　信托产品类型 …… 30

2.4　2018 年信托市场违约事件分析 …… 32

第 3 章　信托选择中常规十维标准 …… 38

3.1　尽职调查报告是天使也是魔鬼 …… 38

3.2　信托公司的选择 …… 45

3.3　信托收益分析 …… 54

3.4　借钱目的分析 …… 56

3.5　还款来源的分析 …… 60

3.6　风险保底措施的评测 …… 63

3.7　责任主体的财务数据分析 …… 72

3.8　诉讼记录与信用记录查询 …… 85

3.9　地域的选择 …… 87

3.10　经济大环境的判断 …… 93

3.11　寻找亮点与风险的最佳平衡点 …… 94

第 4 章 政信基建类信托 …… 98
4.1 基建类信托选择的四大标准 …… 98
4.2 基建类信托对于地方而言的定位 …… 103
4.3 基建类信托真正意义上的大危机是与房地产深度关联 …… 103
4.4 成都基建类信托分析 …… 104
4.5 贵州省基建类信托分析 …… 111

第 5 章 房地产信托分析 …… 120
5.1 房地产信托的商业模式："借鸡生蛋"解析 …… 120
5.2 个人投资房地产信托过程中的六大标准 …… 126
5.3 房地产信托的投资特点分析 …… 131
5.4 房地产信托违约案例简析——重庆典雅房地产倒闭案 …… 134

第 6 章 商业借贷类投资——公司方向 …… 140
6.1 商业借贷类投资逻辑 …… 140
6.2 商业借贷类三大选择标准 …… 143
6.3 商业借贷类违约案例简析 …… 145

第 7 章 商业借贷类——个人方向 …… 148
7.1 中诚信托个人房抵贷案例 …… 148
7.2 个人消费类信托 …… 154

第 8 章 其他信托类产品简析 …… 158
8.1 股权类信托产品分析 …… 158
8.2 资金池类项目分析 …… 159
8.3 公募信托分析 …… 163
8.4 其他类信托分析 …… 164

第 9 章 信托投资实战问题汇总 …… 166
9.1 刚性兑付是否真的存在 …… 166
9.2 信托的购买渠道与真假 …… 170
9.3 信托投资中各个角色的思维分析 …… 171
9.4 资金门槛要求的不同有何含义 …… 173
9.5 信托市场数据与信息收集技巧 …… 174

第1章 了解信托

1.1 中国信托发展简史

以史为鉴，可知兴替！简单地了解一下我国现代信托行业的发展历史有助于我们理解信托行业的发展脉络与投资逻辑。

时至2018年，中国信托行业历经多次整顿与重新定位后，才有了今天68家信托公司，定位于“受人之托，代为理财”。简单地了解信托行业在改革开放之后的发展历史也非常有利于我们认识信托。

第一阶段：从无到有。

1979年10月，改革开放后我国第一家信托机构——中国国际信托投资公司宣告成立，直属国务院领导，可以办理国际信托投资和金融业务，它的成立标志着我国开始恢复信托业务。

第二阶段：持续整顿，梳理信托金融定位。

第一次整顿：1980年，确定信托银行专属地位。

1980年6月，中国人民银行根据国务院关于银行要试办信托投资公司的指示，正式开办信托业务。此后，各家银行、各部委和各地政府等纷纷设立信托投资公司，其中，国有银行的一些省级分行也相继设立信托机构。从1980年到1982年底，全国各类信托投资机构已有620多家，其中，中国人民银行的信托部186家，中国建设银行的信托部266家，中国银行的信托部96家，中国农业银行的信托部20多家，绝大部分是地方政府和专业银行开办的，少数几家是中央部委开办的。当时设立信托的目的主要是为了充分利用各种渠道的闲置资金，以弥补银行信贷之不足。我国信托业的重新崛起，是对计划经济体制的突破。但是，我国信托业从“出生”起就被赋予了高级形态——金融信托，功能远比受托理财要多，它肩负着为改革开放、经济发展筹集社会资金和提供多样化金融服务的功能。我国改革开放极大地调动了地方政府和各部门的积极性，中国人民银行相关政策使信托业迅速发展，基本上处于自由发展阶段，出现了一定的盲目性。信托业的金融功能（主要是信用中介、支付功能和信用创造功能），一定程度上扩大了基本建设规模，冲击了信贷收支平衡。有鉴于此，国务院于1982年4月下达了《关于整顿信托投资机构和加强更新改造资金管理的通知》，规定除国务院批准和国务院授权单位批准的信托投资公司以外，各地区、部门都不得办理信托投资业务，已经办理的限期清理。要求信托投资业务全部由银行来办，地方信托投资公司一律停办，这一阶段整顿的重点是业务整顿，限定信托业只能办理委托、代理、租赁、咨询业务。

第二次整顿：1982—1989年，压缩信托定位不清带来的金融风险。

1984年，我国信托业发展又出现了一次高潮。但是，信托业务的内容和方式并未体现现代信托业的特征，基本上还在行使银行功能，是银行存贷款业务的重复。而且其资金多用于投资固定资产领域，这在一定程度上助长了固定资产规模的膨胀。

到1984年底，针对当时经济过热造成货币投放和信贷规模双重失控现象，我国宏观经济采取紧缩性政策，信托业再一次开始全国性整顿，暂停办理新的信托贷款和投资业务，对存贷款加以清理。

1986年以后，我国经济出现过热，导致资金需求过大，引发了信托业的迅速膨胀和再次扩张。由于监管工作跟不上，严重干扰了正常的金融秩序，分散了有限的资金，扩大了固定资产投资规模，影响了国家的宏观调控，再次给国民经济造成了负面影响，随着国家对经济实行治理整顿，信托业又面临整顿收缩的局面。在这期间，中国人民银行先后颁布了《金融信托投资机构管理暂行规定》和《金融信托机构资金管理暂行办法》两个法规性文件，就信托机构、信托业务和资金管理作了一些规定，对规范信托业务和防止信托投资公司信贷业务冲击信贷收支计划发挥了一定作用。

1988年，中共中央、国务院发出清理整顿信托公司的文件。同年10月，中国人民银行开始对信托业进行整顿。第二年，国务院针对各种信托投资公司发展快、管理较乱的情况，对其进行了进一步的清理整顿。至1992年，我国信托业一直处于发展的低潮阶段。总体上看，当时的信托投资公司面临资本规模小、运营风险高、资产质量差、主业不明确、经营不规范等问题。因此，管理层先后于1982年、1984年、1986年和1989年对信托业进行了四次清理整顿。

第三次整顿：1993—2001年，《中华人民共和国信托法》的颁布标志着现代信托体系的产生。

1993年，为治理金融系统存在的秩序混乱问题，开始全面清理各级人民银行越权批设的信托投资公司。到 1993 年，全国的信托投资公司达到 389 家（不含各地越权审批的机构），总资产规模 4300 多亿元。其大致格局如下：一是中央政府和地方政府（主要是省级政府）创办的国际信托投资公司，如上海市政府创办的上海国际信托投资公司；二是各专业银行（包括总行与分行）设立的全资附属性的信托投资公司或信托部，如中国工商银行信托投资公司，这类信托机构占绝大多数；三是各地方政府创办的信托投资公司，如北京市政府创办的北京市房地产信托投资公司；四是各行业部门创办的信托投资公司，如中国人民保险公司创办的中国人保信托投资公司等。至此，我国信托业进入了清理整顿时期。

1995 年，又进行了全国非银行金融机构的重新登记和国有商业银行与所办信托投资公司的脱钩工作。到 1997 年末，全国共有信托机构 242 家，资产规模约为 4600 亿元。这些信托机构举步维艰，普遍存在资产质量差、支付困难和破产危机等问题。

1999 年为防范和化解金融风险，决定对当时的 239 家信托投资公司进行全面的整顿撤并，按照“信托为本，分业管理，规模经营，严格监督”的原则，重新规范业务范围，把银行业和证券业从信托业中分离出去，同时出台严格的公司设立条件。信托业又再次进行了整顿，采取撤销、改组、合并、移交等措施大量撤并信托机构。信托业在整顿金融秩序中不断调整，各种问题不断暴露，由于管理失控，监管滞后，大量的信托公司盲目拆借资金，大规模发放贷款，以及投资炒作房地产和股票，甚至出现了在 STAQ 系统等国债回购市场买空卖空变相违规拆借资金等问题，因此，中国人民银行停止了银行向各类非银行金融机构的资金拆借，银行不得向自办的各种经济实体注入信贷资金，并限期收回已投放的资金，从资金来源上限制了信托投资机构扩大贷款规模的能力。

从业务角度来看，多年的“金融超市”功能使很多信托投资公司不仅获得了国内国际渠道的融资权，还相继获得了进出口贸易、房地产开发、租赁等多项投资经营权，并向企业、政府提供贷款。国家分别于 1995 年、1998 年相继颁布了《中华人民共和国商业银行法》《中华人民共和国保险法》《中华人民共和国证券法》等法规，从法律上规定了金融各业分业经营、分业管理。

从 1995 年起，中国人民银行加大了对信托机构的监管力度，全面引入并开始实行金融市场退出机制，金融退出机制开始启动。1995 年 10 月，中国人民银行接管违规经营、资不抵债的中银信托，并要求所有银行开设的信托投资公司全部与银行脱钩或转为其分支机构；1997 年 2 月，我国农村信托投资公司因到期债务不能偿还被关闭；1998年6月，我国新技术创业投资公司因同一原因被关闭：1998年10月，按照市场原则和法律处理程序，号称我国信托业“老二”的广东国际信托投资公司也因资不抵债和支付危机被关闭。1999年2月，经国务院批准，华融、长城、东方、信达、中保五家信托投资公司撤销；3月，我国电资力信托等六家信托投公司和中经开等七家信托投资公司分别完成改组和从中央移交给地方的工作。4月，财政部发布关于《信托投资公司清产核资资产评估和损失冲销的规定》，由此全面拉开了金融信托业20年来的第五次整顿的序幕。

2000年10月，中国人民银行召开了信托投资公司清理工作会议，其中，特别强调了保留的信托投资公司的条件是不得有逾期外债、不得有个人债务、不得有分支机构、不得有资金缺口、资本金在按有关规定冲销呆账、坏账和投资损失，并弥补历年累计经营亏损后，不得低于人民币现金3亿元等。这次整顿的目的是要让我国金融信托业回归至信托本业上来，真正办理“受人之托、代人理财”的信托业务，整顿的重中之重是要使信托业和银行业、证券业分业经营，不能用负债资金从事投资、贷款和证券业务。

在这次整顿中，将对各类信托投资公司分类处理，合并重组、扩充资本金、壮大经营实力，提高资产质量、降低经营风险；不符合条件的信托投资公司将被摘去金融牌照，改为各类实业公司或改为财务公司和证券（经纪）公司，以银行业务为主的信托投资公司，经协商可转为国有独资银行的分支机构。这次整顿一是把证券业务剥离出去，二是把银行业务剥离出去，突出信托主业。在这一阶段中，将按照国际通行的信托管理方式来规范金融信托业的各项业务，促使我国金融信托业走上规范之路，使之真正成为从事受托理财业务即从事中介服务的金融机构，进一步完善我国的金融服务体系。

在这期间我国信托业主要呈现以下特征：

(1) 由于种种原因，我国的信托业的“金融超市”功能——混业经营得到了最大程度的发挥，而其本业——“受人之托，代人理财”的民事信托，几乎没有发展。信托业的一些重要作用和优势逐渐消失，信托企业逐渐发展成兼营银行业务、证券业务、投资经营业务的金融百货公司，实际上已经名不副实，不是传统意义上的信托机构。

(2) 由于信托投资公司是各级政府出资建立的，一些信托公司已成为政府的“小财政”和“举债的窗口”。

(3) 由于缺少信托业的相关法律法规的制约，一些信托公司为了生存只得混业经营，却因企业产权不清、管理不善形成巨大的市场风险，以致最终被关闭。

第三阶段：2002 年至今，我国信托业的规范阶段。

这一阶段信托的发展是我们学习的重点，中间很多历史性事件决定了现在的信托市场的基本面貌与游戏规则。

（1）合法地位得到认可。2001 年 4 月 28 日《中华人民共和国信托法》颁布，并在 2001 年 10 月 1 日起开始实施。我国信托业终于从制度上规范了信托关系和信托行为，确立了信托当事人的法律地位，为促进我国信托事业奠定了制度基础。2002 年 6 月、7 月相继颁布的《信托投资公司管理办法》《信托投资公司资金信托管理暂行办法》使信托公司业务向本源回归，即围绕“受人之托，代人理财”的信托内涵开展业务，标志着信托业开始走上健康发展之路。与以前有名无实的信托业相比，整顿后的信托业面临着内外发展的大好环境。

（2）监管机构的确立。2003 年，随着金融机构改革的深入，中国人民银行的货币政策和监管职能进行了分离，成立了原银监会，承担中国人民银行对银行和非金融机构监管等职能，信托投资公司由原银监会直接监管。信托投资公司由原银监会直接监管之后，信托投资公司的发展空间得到一定程度的拓展，信托业务更趋规范。截至 2003 年年底，共有 59 家信托投资公司完成了清理整顿和重新注册登记工作，这标志着我国信托投资公司的新一轮清理整顿已基本完成，一个较为完整的、全新的信托业阵容基本形成。

（3）信托计划投资限额、人数的限制。《中华人民共和国信托法》的颁布使得信托所具有的制度优势被法律认可，信托投资公司的发展有了制度的保证，而作为监管当局的原银监会对信托业制定的产品开发备案制度大大降低了信托业产品创新的成本，这些环境和条件促成了信托业在短短几年时间内取得迅猛的发展。

从业务角度来看，2002 年 7 月 18 日，上海爱建信托投资公司发售了首只信托产品，这也被业内人士称为信托公司回归主业的开端。从当时投资人的身份看，中老年人占了相当比例。而信托公司的监管机构——原银监会制定的法规，显然是希望将抗风险能力较差的投资人排除在外。《信托公司资金信托管理暂行办法》规定，信托计划的份数不得超过 200 份，单个信托计划的最低规模为 5 万元。

（4）银行限贷，信托迎来了历史大发展机遇期。2003 年 6 月，中国人民银行出台“121 文件”，旨在遏制房地产投资过热，规定房地产开发企业申请银行贷款的门槛又大幅度提高——规定自有资金（指所有者权益）不低于开发项目总投资的30%。一些地产商们向银行求贷无门时，小荷才露尖尖角的信托公司开始“拾遗补缺”。截至2004年12底，约有60只集合资金信托产品通过信托公司网站公布了到期清算报告。从实际结果看，2004年几乎所有信托产品均达到了预期收益水平，年平均收益率达到4.304%。其中北京国投的三环新城项目年均收益率超过预期收益0.3529个百分点；衡平信托不仅完成2004年到期的全部信托产品的兑付工作，而且其中约30%的产品在收益水平和收益规模不变的前提下实现了提前清算，最高收益率超过6%。此外上海外环隧道项目资金信托计划等24只信托计划也分别不同程度地超出了预期收益水平。

随着信托业不断创新，财产信托也成为信托投资公司的“新宠”。例如，中诚信托率先推出了一项名为财产信托的信托计划，随后，各家信托公司纷纷效仿，并进行创新。2005年12月15日，期盼已久的金融创新终于面市——国内（两个）信贷资产证券化产品同时发行成功，并正式进入银行间债券市场。其发起机构分别是国家开发银行和中国建设银行，发行人分别为中诚信托和中信信托。2005年12月23日全国社保基金理事会与中海信托举行签约协议，委托中海信托理财30亿元，期限一年，投向铁道部的铁路建设，由交通银行北京分行提供担保。自此以后，全国社保基金理事会除了委托基金管理公司投资证券市场之外，又增加了新的安全稳定的理财渠道。中海信托为信托业开辟了一条崭新的筹资渠道，我国信托公司一次重要的业务机会来临。同时，机构投资者的加入，使得信托公司能够做大信托业务规模。

(5) 68家信托公司产生，游戏规则确立！

新《信托投资公司管理办法》《信托公司集合资金信托计划管理办法》等法规在2007年3月1日起正式施行，对信托公司的经营范围和业务定位做出了新的规定。信托公司根据新规要求进行实业投资清理、存续业务的整改，以申请进行重新登记或执行过渡期政策。截至2008年2月，正常经营的54家信托公司中已有34家获准换发新的金融许可证。

在新的法规下，2010年，全国范围内共有55家信托公司正常经营。共成立了2337只集合信托产品，总规模达到2579亿元。随后几年信托业迎来了爆发式的增长，短短五年内，行业规模从2011年的3000多亿元，突破到2016年的16万亿元，其数量也增加到现在的68家。随着政府对信托牌照的限制，国内信托公司的数量目前稳定在68家。

随着2016年9月1日《中华人民共和国慈善法》的正式施行，各大信托公司纷纷设立慈善信托，信托公司业务出现了新的道路。

在这里我不得不说的是每一个信托投资者都非常有必要去读读《信托公司集合资金信托计划管理办法》，例如购买信托份额最低100万元的规定，单个信托计划的自然人人数不得超过50人，但单笔委托金额在300万元以上的自然人投资者和合格的机构投资者数量不受限制，信托投资期限不少于一年等都出自本法。

（6）信托行业最新规定动向。

①2017年至今，资管新规明确回归本源，行业面临变革。2017年以来，监管层频频通过政策规范、窗口指导等释放强监管信号。2017年11月《关于规范金融机构资产管理业务的指导意见（征求意见稿）》出台，明确“回归本源”，去通道、去杠杆，重规范防风险，主要围绕严禁刚性兑付、去嵌套、去通道、限投向、禁止资金池操作等对资管产品进行严格限制，以通道业务为主的信托业在“去杠杆”上面临严峻考验（见表1.1）。

表1.1

	关于规范金融机构资产管理业务的指导意见（2018年4月17日）	《关于进一步明确规范关于规范金融机构资产管理业务的指导意见有关事项的通知》（2018年7月20日）
公募产品投向	主要投资标准化债权以及上市交易的股票：不得投资未上市股票；合规下可投资商品和金融衍生品	主要投资标准化债权以及上市交易的股票：不得投资未上市股票；合规下可投资非标准化债权类资产（需符合期限匹配、限额管理、信息透露等要求）
新老划断	过渡内可以发行老产品对接，但严格控制存量产品整体规模，并有序压缩递减	过渡期内可以发行老产品投资新资产，但老产品整体规模应该控制在《指导意见》发布前存量产品的整体规模内，且所投资新产品的到期日不得晚于2020年底
金融资产计量原则	金融资产坚持公允价值计量原则，鼓励使用市值计量。封闭式产品，且所投金融资产以收取合同现金流量为目的并持有到期，或所投金融资产暂不具备活跃交易市场，或在活跃市场中没有报价，也不能采用估值技术可靠计量公允价值，可使用摊余成本计量	半年期以上定开，投资以收取现金流为目的并持有到期的债券，可使用摊余成本计量，但定开式产品持有资产组合的久期不得长于封闭期的1.5倍；银行的现金管理类产品在严格监管的前提下，暂参照货币市场基金的“摊余成本+影子定价”方法进行估值

续表

	关于规范金融机构资产管理业务的指导意见（2018年4月17日）	《关于进一步明确规范关于规范金融机构资产管理业务的指导意见有关事项的通知》（2018年7月20日）
过渡期要求	过渡期为本意见发布之日起2020年底，对提前完成整改的机构，给予适当的监管激励	半年期以上定开，投资以收取现金流为目的并持有到期的债券，可使用摊余成本计量，但定开式产品持有资产组合的久期不得长于封闭期的1.5倍；银行的现金管理类产品在严格监管的前提下，暂参照货币市场基金的“摊余成本+影子定价”方法进行估值
	过渡期结束后，金融机构不得再发行或存续违反本意见规定的资产管理产品	过渡期结束后，对于由于特殊原因而难以回表的存量非标，以及未到期的存量股权类资料，经相关部门同意后可采取适当安排妥善处理

资料来源：东吴证券研究所《资管新规则细则落地，信托行业迎来监管边际宽松》。

②2018年4月，《关于规范金融机构资产管理业务的指导意见》（“资管新规”）正式出台，紧接着一系列资管新规细则出台，在大原则不变的情况下，去杠杆节奏上有所放缓，明确了适用范围，区别对待事务管理类信托，避免了一刀切，同时延续央行对于资管产品过渡期的政策安排以实现稳定过渡，明确了过渡期内老产品与新产品的发行要求和不合规信托产品的整改问题（见表1.1）。信托行业迎来监管边际宽松，流动性风险压力减轻，但长期来看变革势在必行。

③2019年2月，有报道称，由银保监会信托部制定的《信托公司资金信托管理办法》（以下称《办法》）进一步梳理并明确了具体业务的监管规则，目前对各省级银监局的征求意见已经结束。

该《办法》包括五大要点内容：信托产品包括公募与私募，可以面向不特定社会公众发行公募信托产品，认购起点1万元；创设信托产品新的分类，资金信托分为资金融通型信托和资产配置型信托；投资者首次认购私募信托产品必须面签，并且设置24个小时的冷静期；固收类证券投资信托产品，允许以卖出回购方式运用信托财产；业绩报酬提取频率不得超过每六个月一次，且不得超过基准收益的60%。

新增公募信托认购起点1万元？对此，时任银保监会信托部主任赖秀福于

2月28日做了回应："根据我的了解，这是小道消息，不是很准确。"

解读：上述都只是征求意见，还未正式实施。根据过往行业经验，是极有可能会推迟和修改的。而两个意见稿最主要想达到的目的，是打破中国固定收益产品刚兑的潜规则。

假设公募信托发行真的以1万元为认购起点，必然会导致两个结果：公开募集信托肯定是金额非常大的项目，信托份额持有者人数众多。因为投资者认为信托是固定收益产品，一旦发生风险事件，有两方面的现实不得不提。第一，投资者因为人数众多，可能爆发群体性非理智事件，要求信托公司刚兑。第二信托公司因为涉及人数众多，担心市场信誉度问题，有充分的动机进行刚兑。如果让这种情况自由发展，将会不断积累风险。所以公募信托的发行，必然需要打破刚兑预期，这是其发展的前提条件。

1.2 信托的定义

信托，从文字本身去解释它，即信任与托付！但是这并不能真正精准地体现出其内含，我个人更喜欢用"受人之托，忠人之事！"这句话来概括。

信托，从法律层面去解释，《中华人民共和国信托法》第二条：本法所称信托，是指委托人基于对受托人的信任，将其财产权委托给受托人，由受托人按委托人的意愿以自己的名义，为受益人的利益或者特定目的，进行管理或者处分的行为。用比较看得懂的语言来总结：（1）信托公司的任何经营行为都必须在我国《信托法》的严格约束下进行。（2）信托公司是合法的金融机构，执牌经营。（3）信托本身是指一种特定的托付关系，并不像股票、地产，是一种具体的投资品。

根据行业公司的自我解释，信托具有良好的投融资功能，为大批企业和项目提供了大量的信托贷款、融资租赁、信用担保、财务顾问、风险投资等优质金融服务，同时为投资者带来良好的投资收益。以上这一段是借用某一家信托公司的自我介绍中的一段文字，这里面详细解释了信托的金融功能、服务内容等。简言之，信托公司可以发行多种形式的信托产品，业务范围极为灵活，相应信托外衣下的底层资产判断是有一定困难的。

信托，从投资者的角度来解释，即信托公司发行的固定收益类理财产品。这是目前信托市场中投资者的主流看法，其他类型信托产品并不是大家的关注点。其科学定义的：信托公司面向个人投资者发行的固定收益类产品叫集合类信托产品。

本书的重点就是针对个人投资者，所以重点总结的信托范围就是集合类信托。对于这个狭义的信托概念解释为：“合法合理范围内的高息贷！”对这句话的解释将贯穿本书，对于这句话的理解，也是未来投资者在面对海量信托产品、信息、业务人员时判断风险的根本所在。

合法：信托公司所有的经营行为都由中国银保监会进行监管，所有的经营行为都有严格规定。这也意味着信托公司向项目责任主体收取的利息都在合法范围内，并且可以直接影响到相关责任主体的信用记录，可以通过任何合法手段保障信托及投资者的合法权益。

合理：信托公司固定收益类产品的收益明显要高于另外三大金融行业：银行、保险以及证券。但这并不意味着其向责任主体收取的利息处于不合理范围。信托项目中对于项目利息的组成有比较明确的标明。信托公司、融资方、投资者都是在自愿的基础上签订合同的。

高息贷：高低是一个相对概念，之所以称信托是高息贷，是相较于银行的贷款利息范围（见表 1.2）。以 2014—2019 年为例，企业在银行的借款利息在 4.5%~8%的范围浮动，而相关企业在信托公司的借款利息浮动范围为 9%~14%。利息的差别在一倍左右，所以相对于银行理财，信托属于绝对的高息贷。因为其合理合法，所以这也注定了信托是企业在正规金融体系下的“第二融资选择！”

表 1.2　**2019 年最新银行存贷款基准利率表**

各项存款利率	利率
活期存款	0.35
整存整取定期存款	利率
三个月	1.10
半年	1.30
一年	1.50
二年	2.10
三年	2.75
各项贷款	利率
一年以内（含一年）	4.35
一至五年（含五年）	4.75
五年以上	4.90

续表

公积金贷款	利率
五年以下（含五年）	2.75
五年以上	3.25

资料来源：银行信息港官网。

为了让大家更好地理解信托“高息贷”这一属性，就必须跟大家解释另外一个常见于新闻里的词——“影子银行”。从广义的范围讲，非银渠道的间接融资机构都属于这个范畴，直接融资则指的是证券股权类融资。但是从狭义的范围讲，我们常常提的“影子银行”主要就是指信托。为什么会有“影子银行”存在呢？这与我国国情有关。

（1）在我国信贷市场一直有一个二元问题，即公私所有制企业在金融体系贷款受到的待遇是不平等的。因为我国银行是以国有制为绝对主体，其中牵涉到行政资源、银行管理者心态、地方国资等多方面因素，民营企业贷款难、贷款贵的问题一直无法解决。这个时候信托贷款渠道无疑给企业在银行之外又提供了一个选择。这正应了那句“上帝给你关了一扇门，就会给你开一扇窗”。银行与信托在我国金融体系中的地位就类似于“门”“窗”关系。

（2）银行体系作为国家金融体系的根本，其风险控制非常严格，因此当实体经济在需要资金、银行风控审核又无法通过的情况下，信托就起到了一个风险隔离与替补的作用。

我国现代信托业的快速发展，不得不将一半以上的功劳给房地产。在前文信托发展简史中，我们看到2003年正是因为银行开始收紧对于房地产行业的贷款，给信托公司发展提供了历史大机遇。在这一点上2003年是第一次，2008年是第二次，像恒大、融创这种地方性中等开发商之所以能在短短十多年间挤进业界前五，信托融资是居功至伟的。2018年融创全面收购了万达的旅游地产类项目，不久之后信托市场就出现了大量的各地融创万达城的地产信托产品。

为什么银行收紧房地产贷款，而信托公司却敢于大量承接相关业务呢？

银行是我国金融体系的根本，所以其安全稳健的经营居所有金融管理任务的第一位。房地产具有极强的价格周期性，房地产公司的经营模式将金融杠杆发挥到极限，这些都是明显的显性风险。虽然2018年银行贷款业务中近一半是个人房贷，但是因为资金分散于个人与家庭，基于分散原则，即使房价出现一定幅度的调整，也不会在整体上对银行主要财务指标构成重大威胁。

因为房地产是我国重要产业，所以给其提供资金的一部分任务就落到了信托身上。信托给房地产企业提供贷款有两点好处：(1) 风险隔离，保护银行体系安全。(2) 房地产的“借鸡生蛋”的商业模式完美契合信托。房地产信托规模及增速如图1.1所示。

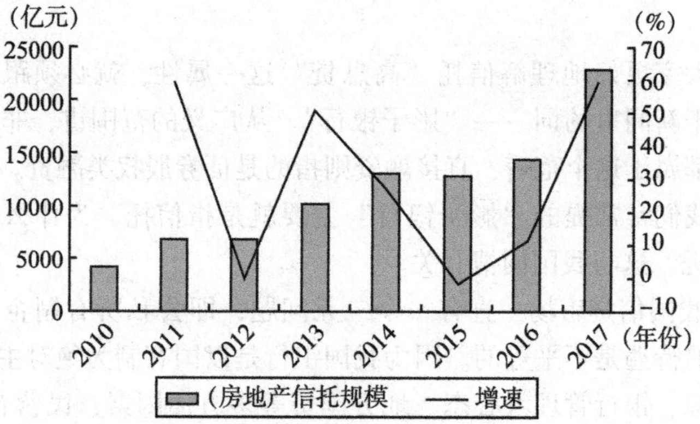

图1.1　房地产信托历年规模及增速

资料来源：中国信托业协会。

信托的业务模式与银行业务的逻辑基本相同，但又是两极化的。金融业虽然复杂，但是总结起来赚钱的方式无非三个方向。

①赚取息差，这里面的典型就是银行与信托，在银行存一年定期的利率为1.5%，而最低的房贷利息通常也有5%。而信托中量比最大的房地产信托在2018年底，一线地产商从信托拿到的资金成本为13%，其中给予投资者的平均收益率在8.5%左右，所以信托与银行的赚钱方式是一样的。在能够安全收回本息的前提下，尽量做大交易基础量，实现绝对值上的最大收益。

②赚取价差，其典型代表是证券交易，所有的证券——股权、股票、期货、期权、可转债等都是在交易过程中赚取价差。

③赚取概率差，其典型代表就是保险了。博彩其实也在这个范畴中。

银行与信托虽然同样赚取息差，基本逻辑相同，但是却表现出一定的两极化。

(1) 资金端。银行是以吸收储户的资金为基础筹集资金，从基本定义上来讲这并不是投资而是一种债，因为银行储户存款是要保体保息的，如果出现一笔不能兑付则宣布破产。而集合类信托则是以投资为基础，从本质上讲这并不是债，可能出现违约情况，信托公司不用承担法律赔偿责任，这也意味着信托本身可以承担更高的风险，也有更高的收益需求。

（2）贷款端。在同一时间能够在银行拿到贷款的公司或项目，只要愿意，基本都可以在信托公司拿到相应的资金。反之则未必，因为信托是以高收益为基础要求，所以承接的都是银行溢出标的，这里面绝大部分贷款项目都是杠杆率偏高、债务率偏高、资质相对差一个级别的公司或项目。

如果你不能够理解信托“高息贷”的本质，那么这本书你就可以合上了。之所以花这么多的笔墨去证明这一点，是因为这是我们了解信托的基础，信托是高息贷这一点在未来的产品分析与项目公司财务分析中会有很明确的体现。

1.3 信托产品在投资市场的定位（信托产品与同类型产品的比较）

信托公司发行的产品是多种多样的，在这里我们讨论的是最常见的品种，即个人集合类投资信托固定收益类产品。

目前中国固定收益类市场品种类型还是非常多，评价一款产品好与坏需要的是一个统一的标准，所以我根据个人的经验给出一个标准及打分体系，并不求绝对正确，仅供参考。

理财产品有一个基础三维的评价体系（见表1.3），我认为这三个角度基本上就可以占到整个评分的80%，分别是安全性、收益性、流动性。

表1.3 固定收益类理财产品列表及评分

产品	安全性	收益性	流动性	品牌	信息透明度	总分
集合类信托	35	25	5	10	5	80
银行理财	40	15	5	10	0	70
保险公司理财	35	15	10	10	0	75
证券公司现金类资管计划	40	15	5	10		70
资产管理公司资管计划	25	30	5	5	0	65
契约型投资基金	15	30	5	0	0	50
一线第三方理财公司产品	20	30	5	5	0	60
一线P2P互联网借贷产品	20	30	10	0	0	60

安全性（40分）：投资第一步就是保证本金的安全，如果在安全性上不过

关，那么这款产品基本上就不会进入我们的考虑范围。通常安全性是一个综合指标，但是在这里我们更多的是单指项目本身的安全度。

收益性（30分）：投资的目的是为了获得收益，从而达到保值与增值的目标，所以收益性是我们在安全性达标前提下最重要的考察指标了。

流动性（10分）：资金的流动性是我们投资过程中不得不考虑的问题，在某些时候流动性的要求甚至是决定性。短期资金是无法用于长期投资的，而目前市场的流动性关键节点就是以年为单位。

三者的关系是一种相互制约的关系：绝对安全的产品往往在流动性、收益性上的表现非常差。而收益性非常高的产品在安全性上的表现就非常不好，流动性往往也不理想。流动性好的产品在收益性上往往非常差，而安全性有一定的增强。三者的基础关系让我们明白一点：这个世界上没有完美的理财产品。

其他标准还包括：

品牌（10分）：即发行的金融机构本身的信誉度！金融机构是一个有极为严格的牌照管理制度的行业，更重要的是金融所有的业务基础是“信用”，很显然金融产品发行的机构本身的信用度越高，在市场中被投资者认可的可能性就越大。一旦丧失信用，金融机构就很难在这个市场中生存下来。

信息透明度（10分）：任何金融产品都是没有实体的，都只不过是一纸契约，而契约的所有组成都来自信息。判定金融机构责任主体提供信息的真实度和透明性是非常重要的事情。

金融产品的组成还有很多，但是我们看问题需要看的是重点，其他一些因素有时更多被销售人员用来混淆投资者的思维，如礼品攻势、销售人员服务、广告宣传、产品门槛等。

安全性解析：

集合类信托：2018年信托总托管资产在23万亿元左右，是目前理财产品中第一把交椅，其中集合类信托的违约率为1.5%，这并不是最终的坏账率。因为信托产品大多有抵押品和风控措施，其中基建政信类违约信托在一定时间内都得到了解决，主要的坏账大部分在于上市公司商业借贷。所以信托整体的安全性是比较有保证的，但是并非万无一失。所以我个人给信托的安全性减一级，扣5分。

银行理财：银行理财在2018年虽然也出现了不少风险事件，但是更多时候问题是出在人的身上，而非产品本身。所以从安全性上来看，个人认为银行理财处于无风险理财的边界线上，收益率超过同期银行理财产品最高收益线，也意味着你来到了风险领域。

保险公司理财：这类型产品的收益率通常情况下与同期银行理财的收益率大致相同，但是随着与互联网金融平台的合作，部分保险公司的在线产品为了更高的曝光率和流量，选择将一些混合型投资品投到线上。保险公司的理财产品一直以来的问题就是以销售为导向，在很多方面容易让投资者混淆。

证券公司现金资管计划：这类产品通常投资于证券市场无风险套利与货币市场，属于低风险领域，这里专指现金类管理工具产品，而非证券公司旗下的资管公司产品。

资产管理公司资管计划：2018 年以××证券为代表资管类公司出现了大量的产品违约现象，并且违约产品问题大部分最终没有得到解决，直接成为坏账。这里资管公司指的是在证监会拿到资管牌照的 200 多家公司，而非私募。资管产品在安全性上的差距最根本的原因是资管公司能够给予借款者的利息要比同期信托高出 3%以上。因为融资能力不足，所以需要提高收益，提高销售费用提成等。这又反过来造成优质一点的资管项目更愿意通过信托公司融资。所以资管项目与信托有很多相似之处，同时这也是资管公司产品总体质量要次于信托的原因。

契约型投资基金：这种产品通常由私募基金公司与资管类公司提供。因为全国登记的私募公司超过 2 万家，这类产品在市场上鱼龙混杂、真假难辨，有很多产品从一开始就是通过假项目来骗钱。所以这类产品在安全性方面评分极低，属于不建议投资范围。

截至 2019 年 6 月底，中国证券投资基金业协会已登记私募基金管理人 24304 家，较上月存量机构减少 3 家，环比下降 0.01%；已备案私募基金 77722 只，较上月增加 257 只，环比增长 0.33%；管理基金规模 13.28 万亿元，较上月减少 253.73 亿元，环比下降 0.19%。私募基金管理人员工总人数 23.83 万人，较上月减少 493 人，环比下降 0.21%（见图 1.2）。

一线第三方理财公司产品：目前一些三方理财公司除了代销其他金融机构产品之外，本身也提供一些自建理财产品，通常主要针对高端客户，起点都在 100 万元以上。这类产品在安全风控上最大的问题就是非标准化，条款与投资以销售为主导，在底层资产、风控、收益分配上整体质量比较差。

一线 P2P 互联网借贷平台：一线范围就是排名前 30 位的 P2P 平台，目前 P2P 平台总数每年以 30%以上的速度减少，未来能够正常维持经营的平台数量不会超过 200 家。最后留下的平台依然没有办法摆脱两点问题：高利贷属性的原罪问题，无金融牌照问题。

其他方面评分简述如表 1.4 至表 1.7 所示。

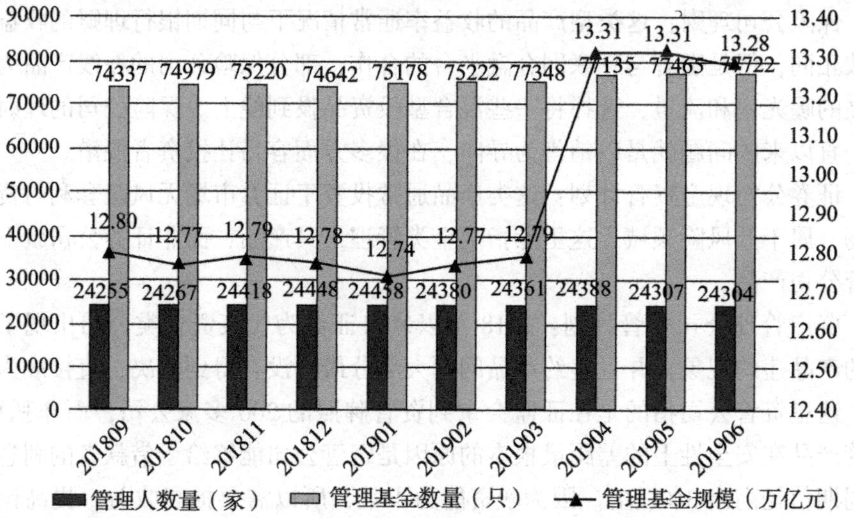

图 1.2　私募基金管理人登记月度趋势情况

资料来源：中国证券投资基金业协会。

表 1.4　**收益性评价**

产品	收益评分	说　明
集合类信托	25 分	信托的收益率有比较大的波动范围，通常在年化 6.5%与 9.5%之间。这个收益区间基本上可以满足绝大多数人的资产保值需求，属于固定收益中高水平
银行理财	15 分	银行理财收益在 3%与 5%之间，通常同期银行理财收益率，从实际投资过程中我们可以认为其是无风险收益的边界线
保险公司理财	15 分	3%~8%，如果不加入权益类投资，保险理财产品收益相较于银行无竞争力，其本维持同水平
证券公司现金类资管计划	15 分	3%~5%，证券公司现金类资管计划和保险公司的情况基本一致，有时甚至会相较银行低一些
资产管理公司资管计划	30 分	9%~13%，因为资管计划的产品融资能力相较于信托要明显差一个等级，所以在收益率上与同期同类型信托产品相比要高出 2%
契约型投资基金	30 分	10%~18%，这是目前市场上风险系数最高产品之一，有一些确实是有真正底层资产的。而有一些产品从一开始就是以假项目骗钱，然后经过一系列包装销售达到目的

续表

产品	收益评分	说明
一线第三方理财公司产品	25 分	8%～15%，很多三方理财公司本身代销信托、资管、契约型基金、海外房地产基金等。手中有大量的客户资源，久而久之，也就以自己的名义设计相关产品，除了无信托牌照外，其他类型产品都有。但是因为拥有强大的销售能力，给予客户的收益率基本与同期信托持平，这是一个明显的收益与风险之间的错配
一线 P2P 互联网借贷产品	30 分	8%～16%，这里的一线是指排名前 30 位的 P2P 平台，再往后的平台我个人认为没有任何可考虑价值

表 1.5　**流动性评分**

产品	流动性评分	说明
集合类信托	5 分	信托一般期限为 1 年、2 年
银行理财	5 分	银行理财产品通常投资期限为 1 年左右，也有更长时间选择
保险公司理财	10 分	保险理财产品投资期限长短都有，选择灵活
证券公司现金类资管计划	5 分	通常为 1 年
资产管理公司资管计划	5 分	通常为 1 年
契约型投资基金	5 分	通常为 1 年
一线第三方理财公司产品	5 分	通常为 1 年
一线 P2P 互联网借贷产品	10 分	P2P 平台投资期限选择范围最为灵活，有按天、按月、按年不同选择

表 1.6　**品牌评分**

产品	收益评分	说明
集合类信托	10 分	我国只批准了 68 家信托公司牌照，单张牌照的估值在 200 亿元左右，目前是金融行业中牌照含金量最高的合法金融机构牌照。更为重要的是过去信托行业一直保持着一种“软刚兑”的行业潜规则，给了投资者极大的信心

续表

产品	收益评分	说　明
银行理财	10分	银行是我国金融机构的核心，也是普通人最信任的金融机构
保险公司理财	10分	保险公司虽然在业务端给人不太好的印象，但是毕竟属于合法金融机构，经营行为受严格监管
证券公司现金类资管计划	5分	目前在证监会备案的资管公司牌照大概200多家，相关资管公司中很多在证券公司名下。目前一些中小券商资管产品出现多起违约和失职情况，对其市场信誉构成较大的冲击
资产管理公司资管计划	0分	资产管理公司的构成非常复杂，一小部分有牌照，一部分则是以私募基金形式备案。对于一般投资者来讲基本没有什么信誉度
契约型投资基金	0分	暴雷率、跑路率居高不下，无市场信誉
一线第三方理财公司产品	5分	目前相当多的三方理财公司已经形成市场气候，对于自身品牌还是比较重视，有一定的市场信誉度
一线P2P互联网借贷产品	0分	即使是排名前十的P2P平台，还是摆脱不了其高利贷的本质问题，也没有经历足够长的时间去证明其经营的可持续性

表1.7　**信息透明度评分**

产品	透明评分	说　明
集合类信托	5分	信托产品对项目的参与者都会有一份详细的尽职调查报告，对所有责任主体的信用、财务状况、项目前景都有详细的说明。但是需要客观说明的是如果每一家公司每一份尽调报告都是100%客观的，那么就不会存在违约风险，而信托也不会让很多人误认为毫无风险了
银行理财	0分	从业多年，银行理财的底层资产就是一个谜，所以业内一直有一个说法，银行理财就是资金池项目
保险公司理财	0分	保险公司理财产品虽然会说明大概投向，但是底层资产依然是无法追踪查证的

续表

产品	透明评分	说　　明
证券公司现金类资管计划	5分	证券公司现金类资管计划相比银行与保险，在资金的投向上要交代得更透明一些
资产管理公司资管计划	0分	因为资产管理公司资管产品的投资主体都属于银行、信托淘汰下来的“残次品”。在尽调报告中如果真实客观，销售工作根本无法完成，所以大多会避重就轻
契约型投资基金	0分	这类产品的尽职调查多以“画饼”为主，不值一提
一线第三方理财公司产品	0分	这类产品的尽职调查多以“画饼”为主，不值一提
一线 P2P 互联网借贷产品	0分	一线平台中已经有一部分上市，通过定期披露的财务报告可以对其经营情况有所了解。目前笔者分析了其中几家平台，财务数据与其实际投资所反映出的情况差别很大

通过一系列相对简单的比较，我们可以总结出一个关于信托产品的结论：集合类固定收益信托是目前国内理财市场中在安全性、收益性、流动性、品牌、透明度中最接近平衡点的产品类型。这里不用最优是因为每个人投资过程中优先考虑的重点与权重不一样。

第 2 章　信托投资市场现状分析

2.1　68 家信托公司分析

68 家信托公司有关信息如表 2.1 所示。

表 2.1　**68 家信托公司分析**

序号	信托公司	所属地	大股东	所有制性质	2018 年净利润（万元）
1	中信信托	北京	中信集团	国营	366049.82
2	平安信托	深圳市	中国平安	国营	317425.25
3	重庆国际信托	重庆市	重庆国信投资控股有限公司	国营	258391.98
4	华能贵诚信托	贵州省贵阳市	中国华能集团	国营	240772.44
5	兴业国际信托	福建福州市	兴业银行	国营	239028.16
6	华润深国信托	深圳市	华润	国营	214051.91
7	中国对外经济贸易信托	北京	中欧中化股份有限公司	国营	194613.69
8	江苏省国际信托	江苏南京	江苏省国信资产管理集团有限公司	国营	185740.9
9	中航信托	江西省南昌市	中航投资控股有限公司	国营	184830.56
10	建信信托	合肥	建设银行	国营	181659.03

续表

序号	信托公司	所属地	大股东	所有制性质	2018 年净利润（万元）
11	中融国际信托	黑龙江哈尔滨	央企恒天集团下属 A+H 股上市公司	国营	175074.59
12	五矿国际信托	青海省西宁市	五矿资本控股有限公司	国营	171995.31
13	中海信托	上海市	中国海洋石油	国营	159408.13
14	上海国际信托	上海市	上海国际集团	国营	133507.78
15	中铁信托	四川成都	中国中铁股份有限公司	国营	130835.77
16	中诚信托	北京	中国人保	国营	113225.46
17	光大兴陇信托	甘肃兰州	中国光大集团	国营	111665.56
18	上海爱建信托	上海市	上海爱建股份有限公司	民营	111528.37
19	中国民生信托	北京	中国泛海控股集团	民营	110798.31
20	交银国际信托	武汉	交通银行股份有限公司	国营	104048.04
21	渤海国际信托	石家庄	海航集团	国营	101662.59
22	百瑞信托	河南省郑州市	中国电力投资集团	国营	101147.42
23	湖南省信托	湖南长沙	湖南财信投资控股有限责任公司	国营	100077.05
24	昆仑信托	浙江宁波	中石油	国营	97803.61
25	华宝信托	上海市	宝钢集团	国营	94894.12
26	中建投信托	浙江杭州	中国建银投资有限公司	国营	91583.12
27	山东省国际信托	山东济南	山东省鲁信投资控股集团	国营	87224.8

续表

序号	信托公司	所属地	大股东	所有制性质	2018 年净利润（万元）
28	北京国际信托	北京	北京市国有资产经营有限责任公司	国营	81670.51
29	华信信托	大连市	华信汇通集团有限公司	民营	80678.88
30	四川信托	成都	四川宏达集团	民营	74010.71
31	广东粤财信托	广州市	广东粤财投资控股有限公司	国营	68061.77
32	方正东亚信托（现国通信托）	武汉	北大方正集团	国营	65178.99
33	国投泰康信托	北京	国投资本控股有限公司	国营	62793.18
34	华鑫国际信托	北京	中国华电集团	国营	59879.09
35	英大国际信托	北京	国网英大国际控股集团有限公司	国营	59311.25
36	天津信托	天津市	天津海泰控股集团有限公司	国营	58419.03
37	杭州工商信托	杭州	杭州市金融投资集团有限公司	国营	54623
38	万向信托	杭州	中国万向控股有限公司	民营	50549.13
39	厦门国际信托	厦门市	厦门市金财投资	国营	47628
40	东莞信托	广东东莞	东莞市财信发展有限公司	国营	46409.13
41	紫金信托	南京市	南京紫金投资集团有限责任公司	国营	44763.38
42	陆家嘴国际信托	山东省青岛市	上海陆家嘴金融发展有限公司	国营	43570.37

续表

序号	信托公司	所属地	大股东	所有制性质	2018 年净利润（万元）
43	北方国际信托	天津市	天津泰达投资控股有限公司	国营	41944.99
44	中原信托	河南郑州	河南投资集团	国营	41488.88
45	华澳国际信托	上海市	北京融达投资有限公司	民营	41041.62
46	吉林省信托	长春市	吉林省财政厅	国营	37696.33
47	新时代信托	包头	新时代远景投资有限公司	民营	37249.57
48	安徽国元信托	安徽合肥	安徽国元控股	国营	36830.06
49	苏州信托	江苏省苏州市	苏州国际发展集团	国营	36198.78
50	长安国际信托	陕西省西安市	西安投资股份有限公司	国营	35613.18
51	西部信托	陕西省	陕西省电力建设投资开发公司	国营	32836.42
52	陕西省国际信托	陕西省	陕西国资委	国营	31947.42
53	云南国际信托	云南昆明	云南财政厅	国营	29571.16
54	西藏信托	拉萨	西藏自治区财政厅	国营	27357.16
55	长城新盛信托	新疆乌鲁木齐	中国长城资产管理有限公司	国营	24519.25
56	国联信托	江苏省无锡市	无锡市国联发展集团有限公司	国营	19783
57	中国金谷国际信托	北京	中国信达资产管理股份有限公司	国营	17184.74
58	大业信托	广州市	中国东方资产管理有限公司	国营	15726.35
59	浙商金汇信托	杭州	浙江省国际贸易集团有限公司	国营	15442.75

续表

序号	信托公司	所属地	大股东	所有制性质	2018 年净利润（万元）
60	中泰信托	上海市	中国华闻投资控股有限公司		14413.94
61	国民信托	北京	丰益实业发展有限公司	民营	11903.04
62	中江国际信托（雪松信托）	江西省南昌市	雪松控股集团	国营	7757.08
63	新华信托	重庆市	上海珊瑚礁信息系统有限公司	民营	5847.42
64	华融国际信托	新疆乌鲁木齐	中国华融资产管理公司	国营	5390.15
65	中粮信托	北京	中粮集团	国营	4779.52
66	山西信托	山西省太原市	山西省国信投资	国营	1104.93
67	华宸信托	呼和浩特	包头钢铁集团	国营	−11924.2
68	安信信托	上海市	上海国之杰投资发展有限公司	民营	−179439.21

通过表 2.1，我为大家总结一下我个人对信托行业的一些理解。

（1）信托公司牌照是一种稀缺资源，国家意志决定了目前行业的主要面貌。

我们可以看到目前 68 家信托公司中有超过 50 家的大股东不是地方省级国资委就是央企，我们还可以看出来每一个省都保证至少有一家信托公司。这种布局原则与“211 工程”大学一样，说明两点：首先，信托作为一个特许经营的领域，牌照是一种极为稀缺的资源。这一点最明显的表现就是 2003 年整顿后信托行业一直维持着 68 家信托公司，再也没有批准一张新设牌照。也就是说想要进入信托行业的公司只能通过并购的形式获得相关牌照。其次，与大学一样，如何布局、谁可以分这块蛋糕是有很强的国家意志因素在其中的，并且这些信托公司都带有很强的地域性特征，基本保持着每省至少有一家信托牌照，当然中西部几个省份信托公司实际办公地并不在本省。

（2）信托公司控制权偶有易主，以 2018 年行情分析最低价值百亿元。

2018年因为金融去杠杆的原因，债务危机爆发，众多不同市场主体出现违约情况。信托公司对于本身项目的违约情况是严格保密的，因为这会直接影响品牌价值。但是以凯迪生态为代表的违约项目中有超过十家信托公司的身影，可以大胆地猜测2018年68家信托公司中难有幸免者。

在这一系列的违约危机中，中江信托当之无愧地成为“信托爆雷王”，2018年总计连续出现9起爆雷事件。而这一系列的问题在2019年还在继续发酵，因为对于信托而言出现问题代表的不是今天的错，而是在一年前或两年前种下的果。在这个持续爆雷的过程中品牌价值跌到谷底，投资者谈之色变。可是即使在这样的基础上，在2018年世界500强企业雪松控股还是以极高的价格收购了其70%的股份。这一连串的事情告诉我们信托行业因为没有增量牌照，即使是品牌价值最低的信托公司，其牌照价值也可以达到百亿元以上。

（3）信托头部平台市场占比高，利润极高。

我们可以看出，68家信托公司中排名前十位的信托公司利润占比极高，这与它们的托管资产优势是不匹配的。这是因为排名靠前的信托公司拥有极高的市场话语权，可以赚取更高的息差。通常同一地区同一公司主体在不同信托公司发行的产品收益率可以相差1%~1.5%，再加上头部平台极强的融资能力，其发行成本往往也要比小信托公司低0.5%以上。

2.2 信托产品的竞争力

截至2018年12月31日，信托行业总托管理财资产达到23万亿元，稳坐理财市场第一把交椅。信托已经成为目前中国高净值人群最主要的投资品。目前的信托市场是绝对的供不应求、标准的卖方市场，某些排名靠前的平台，超十亿元的项目，在数个小时内被抢购一空是再正常不过的事情。信托的核心竞争力在哪里？

一、极高的行业门槛，铸就了极高的市场信用

（1）信托是我国四大合法金融行业之一，在信托法规的限制框架内有序经营，受中国银保监会监管。这意味着信托公司可以获得极高的市场信用，可以合法展业。

（2）信托行业经过数次整顿，最后仅存68家信托牌照，监管层已经明确表示原则上不再发放新的信托牌照。目前信托市场上即使是2018年爆雷数量最多的中江信托，在出售70%股权时也以极高的价格成交。可以说信托牌照

是目前金融行业中含金量最高的牌照，任何违法违约成本对于信托公司而言成本都太高。

二、极低的违约率，最终形成坏账率则更低

2018 年因为金融去杠杆的原因，债务市场出现多起重大违约情况，个人投资的集合类信托也创下了近十五年历史最高的 1.5%的违约率。但是这个数字还是要略低于同期银行坏账率，更为重要的是信托中大量的基建类信托后期陆续会得到解决，而拥有足值抵押物的项目也是可以处理解决的问题，所以信托最终形成坏账的项目占比是极低的。

三、较高的收益率

以 2018 年为例，信托的平均收益率在 7.5%与 8.2%之间徘徊，这个收益水平远远高于其他三大金融行业所能提供的收益水平，同期银行理财收益极值不会高于 5%。这也是信托管理资产规模能坐上第一把交椅的原因。

四、资金投向呈多样性，投资人可以自行选择

相较于银行理财、货币型基金、证券公司集合资金计划，信托公司所提供的产品类型多种多样。基建类、房地产类、商业借贷类、资金池类，每一大类中又有很多方向。所以给投资者的选择更多，投资期限、收益率、风控方式都是如此。

五、软性刚兑的潜规则

在投资信托过程中，各家信托公司的业务员都会强调就算项目出现极端情况，公司也会兑付本金。就算不敢明说，也会疯狂暗示，这也是过去信托快速发展的重要原因——刚性兑付。

刚性兑付，即投资项目无论是成功还是失败，信托公司都会选择正常兑付投资者本息的行为。客观地讲，刚兑现象在过去十年确实存在，甚至是非常普遍的。

例一：雪松集团收购中江信托后的收益权转让。

所谓的收益权转让，是指名义上逾期的项目利息的收益转让给雪松控股的全资子公司，这家公司再进行实际兑付。目前雪松控股拿下中江信托的 70%股权，同时还要面对中江超 70 亿元的坏账问题。这个收益权转让目前暂时缓解了本息全部短期兑付的压力，也还不算全面解决问题。雪松控股为了恢复改

名后的雪松信托的市场信誉，后续必然有其他“软刚兑”措施。因为对于一家信托公司而言，信誉破产则意味着失去了“融资权”，之前收购中江股权的投资也就跟着一起打了水漂。

例二：中融北京纯本百货经过三年，最终通过强制执行收回相关物业①。

2012年，因重新改造和银行贷款到期，星城国际面临较大的资金压力，当年8月，在泰远嘉业（北京）房地产经纪有限公司总经理魏俊玲牵线下，星城置业与中融信托进行多次接触和交流，经过近3个月的谈判，双方达成一个11亿元信托贷款融资计划。

2012年11月，中融星城信托计划正式成立，共募集了11.15亿元，信托存续期为10年，分为两种类型，A类每一年赎回开放一次，利率约为8.5%到10.5%，B类每两年赎回开放一次，利率约为9%到11%。

其信托计划书显示，抵押物为星城国际大厦地下3层、地上4层共62099.97平方米经营性商业物业，2012年9月评估价为20.6亿元，抵押率为53.4%。星城置业子公司北京闰拓投资以40%股权做担保。

按照星城置业与纯本百货签订的租赁协议，信托计划执行期间，星城置业可获得23.17亿元租金收入。另外，李世亮在贵州有三座煤矿，预计投产后每年净利润不低于6亿元。

从抵押物和偿付能力看，该信托计划似乎不存在太大风险。

据一位参与该信托计划销售的金融机构负责人介绍，中融星城信托原本计划募集2.2亿元，主要用来偿还银行贷款，“但后来双方谈得不错，信托贷款额度从2.2亿元提高到了11亿元”。

此外，中介人魏俊玲获得融资总额4%的服务费用。

从2012年11月20日到12月11日，中融信托分三次把募集到的2.73亿元、6.52亿元和1.9亿元共计11.15亿元汇入星城置业设立在民生银行的共管账户中。

2013年底，中融星城信托计划向投资者发行了8期之后停止续存，此后并未发行新的续存计划。其实这项信托计划风险已经凸显，这个时间点是首期A类信托产品赎回开放期。

2015年2月，距离信托计划结束还有7年零9个月，中融信托向北京市第三中级人民法院申请查封抵押物，随后法院正式查封了星城国际地下3层、

① 《半小时强执20亿！三年多次流拍 中融信托终拿回抵押物》，新浪综合财经，2018年6月7日。

地上 4 层共计 62099. 87 平方米物业。

2015 年 12 月，2016 年 1 月、3 月和 8 月，北京市第三中级人民法院先后四次通过淘宝司法拍卖平台对抵押物进行拍卖，起拍价从 21. 72 亿元逐步降至 17. 6 亿元、14. 08 亿元，但 4 次拍卖均无人报名参与竞拍。

对此，多位资本界人士的判断趋于一致，一方面信托计划停止续存，另一方面发行方查封抵押物并进行拍卖，存在两种可能：一种可能是星城置业违约停止支付本金和利息，中融信托通过拍卖抵押物变现提前结束计划；另一种可能是抵押物有多次抵押或权属纠纷，中融信托意识到这项计划存在风险。

上述金融机构人士分析，无论哪一种可能，都意味着这一信托产品存在偿付风险，这个产品可能出问题了，极有可能中融信托已经在兜底。也就是说星城国际已经违约了，投资人收益和赎回需要中融信托自己来兑付。

北京市第三中级人民法院发布的抵押物拍卖信息显示，被拍卖的星城国际共 62099. 87 平方米物业存在其他抵押情况；另外，2008 年 11 月，星城国际从北京农商行获得 3. 3 亿元贷款，2012 年初也出现违约情况。

中融信托提供给星城置业的 11. 15 亿元信托贷款中，2. 2 亿元被明确用来偿还银行贷款，另有 4600 万元是支付给中介人魏俊玲的服务费，有一小部分可能投到星城国际商业项目改造中，而其余资金去向不明。

一位原在纯本百货担任重要职务的人士表示，资金有一部分用在了改造工程中，但其拒绝透露项目其他情况。

这笔资金去向不仅关系到星城置业的生死存亡，也关乎信托投资人利益，同时也意味着中融信托在监管资金使用方面存在漏洞。

一位接近中融信托的人士告诉记者，这笔资金足以应付星城国际改变业态成本和日常运营的费用，之所以走到商场烂尾、抵押物被拍卖的地步，可能是因为大股东将这笔资金另作他用，并没有真正运用到项目中。但这一说法并未获得中融信托官方和星城置业方面的证实，经济观察报记者也未获得剩余资金流向的直接证据。

通过相关媒体的报道，我们可以看到整个抵押物处置接近 3 年时间，而且并没有拍卖出去，如此长的时间里投资者不可能无限期等待，所以信托公司在有抵押物进行保底时，会先行兑付本息，从而不影响整体的运作。

可是为什么我又说这是软性刚兑呢？

这句话的意思是信托公司在风险发生后是否采取刚兑是由多重因素决

定的。

（1）政策环境。2018年发布的新资管条例核心就是要打破行业的刚兑现象，但这不是第一次提类似政策，可是一直没有实行。如果在2020年正式实施后，政策能够得到严格执行，那么刚兑自然也就不存在了。可是所谓上有政策，下有对策，因为现实的利益需要，政策是否出现延期、是否得到充分执行、政策力度能否保持都是问题。

（2）风控措施是否有效。除了基建类信托以外，其他类型的信托一般是有抵押物的，如果抵押物在极端风险下能够发挥作用，那么刚兑就有执行条件，如果抵押物流通性好、折价率高，对于信托公司而言甚至存在更大利润空间。

（3）企业管理者个人态度。我们需要注意到的是信托公司性质大多是国企，那么企业管理者的思维可能更接于“官员”，“不求有功，但求无过”。这时管理者的思考角度对是否采取刚兑就起决定性作用了。例如，如果新资管执行得非常严格，这里自然不愿意刚兑。在正常年份下，相对于今年业绩稍差一点而言，出现信托项目风险事件又明显成本更高，自然就是采取刚兑，大事化小更合算。

（4）品牌含金量。项目出现问题自然对于信托公司的信誉度造成损害，而金融机构靠的就是市场信用，所以每当项目保底风控失效时，信托公司就需要思考此项目如果不刚兑对于品牌会造成如何的损伤。这时候有“我们的项目保持100%的兑付率”“我们的政信类项目保持100%的兑付率”之类的金字招牌的信托公司刚兑的可能性明显更高。

（5）项目的大小。如果地方基建类项目出现问题，那么基本上所有的信托公司都不可能选择刚兑。因为项目的体量非常大，而且风控都是采用担保这种很“虚”的形式。历史上每一次信托违约潮基本上都是某一行业出现系统性问题，而相关信托项目体量又太大，信托公司就算想也没有能力进行刚兑。例如，2012年煤炭行业钢铁行业：渤钢集团信托给出五年处理方案，但是不能保证本息兑付。2018年上市公司连续爆雷：凯迪生态目前没有任何解决方案，抵押的股票也已经ST＊，面临退市停牌没有任何价值。

软刚兑的存在增加了很多投资者的信心，虽然部分是被销售人员误导，但是这是客观存在的现实。

因为信托投资拥有众多的天然优势，所以目前其基本上坐稳了中国理财市场第一把交椅，并且成为中国高净值人群投资理财的第一选择。

2.3　信托产品类型

我将为大家简单分析目前信托市场上大概有哪一些信托产品类型，以及每一种类型的基本特点。

以下是摘抄某一家信托公司的自我介绍：信托具有良好的投融资功能，为大批企业和项目提供了大量的信托贷款、融资租赁、信用担保、财务顾问、风险投资等优质金融服务，同时为投资带来良好的投资收益。

该介绍说明信托公司本身提供的金融服务是非常多样化的，也意味着信托公司提供给投资者的产品也会非常多样化。多种选择固然是非常好的事情，但是幸福的烦恼就是一道选择题。

在这里我以个人经验为大家简单将信托分为四大类，这也是未来普通投资者最常见的信托品种：（1）以地方融资平台为主体的政信基建类。（2）以房地产公司为主体的地产类。（3）以借贷为主体的商业借贷类。（4）为超高净值客户提供的个人服务类信托，如慈善信托、家族信托等。

第一类，政信基建类。

这一类信托业内喜欢称之为“政信类”，但是目前信托的书面材料介绍里，统称为“基建类”。这又是为什么呢？

政信，即政府信用。在 2018 年以前，所有政信类项目都必须拥有三件套，分别是地方最高权力机关人大的授权、地方财政局的预算及还款承诺函、对地方政府的应收账款。拥有了这三件套，我们则认为相关的信托借款属于地方债务，政府是不可能违约的。

可是为什么 2018 年之后，信托的书面文件都称为基建，而不是政信呢？

因为我国经济的一大隐患就是天量地方债问题，针对这一点中央严令禁止地方政府为地方城投、城建等融资平台进行债务担保，必须进行风险隔离。所以 2018 年后的政信类信托不再拥有这三件套，从法理上自然也就没有了政信类之说。因为地方城投城建公司主要业务方向都是给地方进行市政基础设施建设，以此为主体也就顺其自然称之为“基建类”。

在这里我们需要说明的是，法理上目前的城投、城建公司违约，不代表地方政府违约。因为“城投”属于公司，与信托公司之间的借贷关系属于纯商业行为。如果发生违约事件，最终的解决渠道是通过法律市场行为解决。当然从实际的情况来看，2018 年已经发生多起城投违约事件，大多是以地方政府出具“还款承诺函”暂时解决。

第二类，房地产信托。

顾名思义，信托资金的投向是房地产。在这一大类中又可以分为两小类：一类是以房地产项目为主体，母公司做担保的项目房地产信托。另一类是以有限合伙基金形式成立的房地产投资基金，这样资金可以分散投资于不同的房地产项目。

信托公司托管资金在2018年底达到23万亿元，坐稳理财市场第一把交椅，一大半的功劳都得归功于房地产类信托。2003年、2008年，银行两次大规模收缩对房地产企业的贷款，给了房地产信托极大的发展机会，目前房地产信托占信托产品的半壁江山。当然房地产信托的快速发展与房地产借鸡生蛋的经营方式完美切合，只要能保证房子盖好，有足够的利润空间覆盖信托利息，就皆大欢喜。相较于基建类信托大多是借新还旧的还款方式，其更符合金融规律。

第三类，商业借贷类。

商业借贷目前市场上分为两个方向：一个方向是对一般商业公司，帮助其补充现金流。另一个方向是针对个人，为其提供消费类贷款或是房屋抵押贷款。公司方向与政信类、地产类最大的区别在于前两者通常都有具体的项目，简单来说前者借钱是用来修路修桥，或是盖房子卖，而后者往往就是单纯的补充现金流，也就是俗话说的救急。从这个角度讲，公司的商业借贷风险明显高于前两者。因为基建类项目即使不能顺利回款，修的路或桥依然在那里，里面还隐含着土地资源、政信等。房地产项目只要一手房能够顺利成交，则无任何还款风险，房地产与土地依然存在。

商业借贷类中针对个人在2018年出现了比较大的发展，市场上针对个人的大额借贷通常都要求个人以房地产作为抵押物，信托公司将钱借与相关贷款公司，再放与个人，并不直接参与借贷业务。

另一类是针对个人的小额消费贷款，这一类的优点在于分散，缺点就是纯信用贷款，因为借贷主体一般为小额借贷公司和信息技术服务公司，也非真正的金融机构，并无法真正影响借款人的金融信用。

我们可以看到在针对个人的商业借贷类产品中，信托公司都要借平台公司之手将资金放出去，多过一道手，则意味着最终借款人拿到钱的利息更高一点。所以个人商业借贷类的优缺点都非常明显，优点是资金分散，缺点是在信托高息贷的基础上还要加一定的息差，贷款人负担重。而这类项目的成败关键是“平台公司”提供的客户资源的优劣。

第四类，针对超高净值人群服务性产品，慈善信托与家族信托。

前面的三类都是将投资人的钱以信托的形式投放出去，信托公司的收益=借款者获利资金成本-投资者收益-销售费用-法律行政等成本。而这两种形式，信托公司的收益则直接来源于信托本金本身，每年信托公司都要收取一定的管理费用。

本节主要给大家简单介绍了目前信托市场产品的类型，让大家对于信托投资本身有一个概念，具体的分析我们留到后面章节。

2.4　2018 年信托市场违约事件分析

因为不想引起不必要的纠纷，所以在这里我就不公布 2018 年相关违约产品的目录，有兴趣的读者可以在我们的微信公众号“AK 评测”输入关键字“2018 违约”查看。大家可以参照这个记录对比一下我个人的分析。

1. 2018 年是信托违约大年，为前十年的高杠杆运营埋单

2018 年针对个人投资者的集合类信托的违约率是 1.5%，这对于近十年的信托行业来说是一个非常惊人的数字，在正常年份信托的总体违约率一直保持在 0.5%左右的水平，甚至明显要好于同期银行业平均水平。2018 年信托高违约的直接原因是去杠杆，但是从根本上讲还是前十年我国信贷规模快速扩张，流动性泛滥。在这期间无论是地方融资平台还是国企，尤其是部分民营企业乱用杠杆，造成企业债务率畸高，于是当经济出现下行、信贷收紧时就造成了大量债务违约的现象。近年来信托行业风险资产规模和项目个数变动如图 2.1 所示。

2. 城投信仰受到严重的挑战

2018 年以前我国极少出现城投类信托违约的现象，但是进入 2018 年以来全国各地尤其是云贵等地出现城投信托短暂违约和申请展期，这种情况还在不断持续扩大的过程中。这说明多年以来业内形成的所谓以地方政府信用为背书的城投信仰受到了严重挑战。这里面的原因主要有两点：第一是地方政府被禁止为融资平台进行担保和信用捆绑，“老三件套”陆续退出城投信托。第二是部分所谓的网红区域的融资平台杠杆率过高，严重超出相应责任主体与地方政

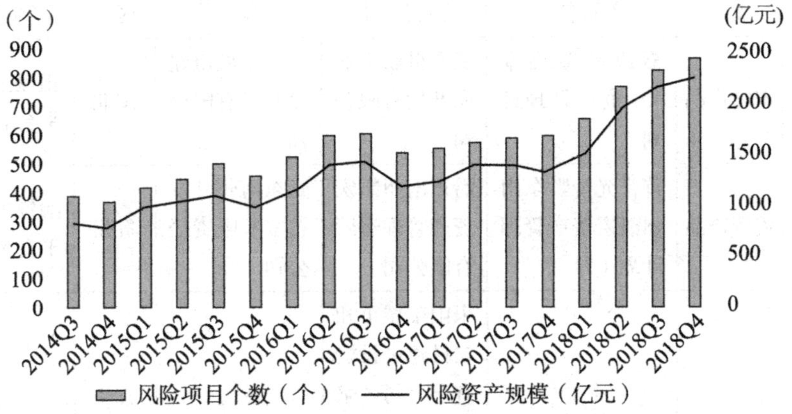

图 2.1　信托行业风险资产规模和项目个数变动

资料来源：信托业协会资料。

府的财政实力。

表 2.2　2018 年部分违约融资平台一览

时间	类别	产品名号	融资主体	担保主体	区域	是否银监名录
2018 年 1 月	资管产品	中融-嘉润 31 号集合资金信托计划	云南省国有资本运营有限公司		云南	否
2018 年 4 月	期货资管	中电投先融·锐津 1 号资产管理计划	天津市市政建设开发有限公司	天津市政建设集团	天津	担保主体是退出类公司
2018 年 5 月	期货资管	中电投先融·锐津 1 号资产管理计划（三）	绿源农产品贸易股份公司	西安市灞桥区基础设施建设投资有限公司	陕西	担保主体在名录
2018 年 5 月	租赁		锡林浩特市给排水有限公司		内蒙古	否
2018 年 6 月	资管产品	联储证券-政融 1 号集合资产管理计划	内蒙古科尔沁城市建设投资集团有限公司	通辽市城市投资集团有限公司	内蒙古	二者都在平台名录

续表

时间	类别	产品名号	融资主体	担保主体	区域	是否银监名录
2018 年 6 月	资管产品	嘉锐基金嘉泰 301 资产管理计划	武穴世联工业园开发有限公司	武穴市城市建设开发有限公司	湖北	担保主体在平台名录
2018 年 7 月	资管产品	首誉光控黔东南州凯宏资产管理计划 1 号	黔东南州凯宏资产管理运营有限公司	黔东南州开发投资有限责任公司	贵州	融资主体在平台名录
2018 年 7 月	租赁		耒阳市城市和农村建设投资有限公司、耒阳市经济开发建设投资集团有限公司、医院等多家融资主体		湖南	平台名录
2018 年 7 月	私募基金	金诚铜仁城市化发展 2 号私募基金	铜仁市武夷山投资经营（集团）有限公司	贵州松桃永昌投资开发有限公司	贵州	融资主体在平台名录
2018 年 7 月	私募基金	坦沃资产-致信 302 号私募基金	铜仁市武夷山投资经营（集团）有限公司	贵州松桃永昌投资开发有限公司	贵州	融资主体在平台名录

资料来源：作者根据网上公开信息整理。

3. 上市公司及商业借贷类成为重灾区

股票质押在 2015 年前后成为资本市场重要发展方向，不仅仅是券商，还包括信托公司在内，在上市公司借款过程中会接受上市公司大股东以股权质押的形式进行借款先后出现比较大的违约案例。所持上市公司股份质押率较高的公司如表 2.3 所示。

表 2.3　**已违约债务主体——所持上市公司股份质押率较高的公司**

发行人	首次债券违约日期	违约债券代码	债券简称	企业性质	省份	所属 Wind 行业	累计质押旗下上市公司股数占持股数比例（%）
精功集团有限公司	2019-07-15	011801957. IB	18 精功 SCP003	民营企业	浙江省	综合类行业	99. 99
腾邦集团有限公司	2019-06-10	112526. SZ	17 腾邦 01	民营企业	广东省	多领域控股	83. 49
中信国安集团有限公司	2019-04-28	101576001. IB	15 中信国安 MTN001	公众企业	北京	综合类行业	89. 15
三胞集团有限公司	2019-03-19	122690. SH	12 三胞债	民营企业	江苏省	电脑与电子产品零售	98. 76
神雾科技集团股份有限公司	2018-12-15	117063. SZ	16 神雾 E1	民营企业	北京	环境与设施服务	97. 22
永泰集团有限公司	2018-12-10	011800431. IB	18 永泰集团 SCP001	民营企业	北京	煤炭与消费用燃料	99. 72
龙跃实业集团有限公司	2018-12-06	117108. SZ	17 龙跃 E1	民营企业	山西省	调查和咨询服务	99. 57
佛山市中基投资有限公司	2018-11-28	117058. SZ	16 中基 E1	民营企业	广东省	多元资本市场	100. 00
飞马投资控股有限公司	2018-09-28	117039. SZ	16 飞投 01	民营企业	广东省	多领域控股	97. 57
新光控股集团有限公司	2018-09-25	041775004. IB	17 新光控股 CP001	民营企业	浙江省	多领域控股	98. 30
阳光凯迪新能源集团有限公司	2018-06-01	112399. SZ	16 凯迪债	民营企业	湖北省	建筑与工程	97. 94
上海华信国际集团有限公司	2018-05-21	011754134. IB	17 沪华信 SCP002	民营企业	上海	石油与天然气的炼制和销售	62. 74

续表

发行人	首次债券违约日期	违约债券代码	债券简称	企业性质	省份	所属 Wind 行业	累计质押旗下上市公司股数占持股数比例（%）
亿阳集团股份有限公司	2018-01-27	136172. SH	16 亿阳 01	民营企业	黑龙江省	综合类行业	99. 94
东北特殊钢集团股份有限公司	2016-03-28	041556006. IB	15 东特钢 CP001	地方国有企业	辽宁省	钢铁	90. 39
亚邦投资控股集团有限公司	2016-02-14	041558012. IB	15 亚邦 CP001	民营企业	江苏省	综合类行业	100. 00
中国中钢股份有限公司	2015-10-19	1080129. IB	10 中钢债	中央国有企业	北京	钢铁	95. 06
内蒙古博源控股集团有限公司	2016-12-05	011699358. IB	16 博源 SCP001	民营企业	内蒙古自治区	基础化工	99. 80

资料来源：信达证券，《已违约债务主体——所持上市公司股份质押率较高的公司》。

4. 资产荒叠加信托卖方市场造成 2018 年的局面

2018 年出现爆雷潮是因为 2018 金融去杠杆的进行，但是根本原因还是因为资产质量低下。这和 2016—2017 年两年时间里信托行业的资产荒有关，因为当时的市场信用环境相对宽松，房地产快销，地产公司现金流充沛，造成信托整体上借款资金质量严重下降，而等到兑付期时又逢金融收缩阶段，自然违约率大大增高。

5. 大小信托公司无本质区别，需注意激进发展策略的信托公司

很多投资者在投资信托过程中最主要的评价指标就是信托公司规模的大小，这一点是不科学的。因为从本质上讲信托公司只是一个第三方，在信托的运作过程中不承担主要责任。更为重要的是刚兑的意愿与公司大小也没有必然联系，这一点后文会详细解析。我们需要注意到的是那些风格激进，发展迅速的信托公司。近十年以来信托行业每年的爆雷王基本上都是前两年迅速发展，行业排名、利润总额等指标快速增长的信托公司。

从表 2.4 我们可以看到，安信信托在 2018 年出现了营业收入和净利润排名的大幅下滑，尤其是 2018 年还出现了巨额亏损（这在信托行业中是很难看到的）。究其原因，除了和其大股东国之杰、实控人高天国有关外，还有的就是其过于激进的运营风格（投机壳股、极其激进的旧改项目）了。

表 2.4　安信信托近五年营业收入、净利润排名变化情况

列 1	营业收入	营业收入排名	净利润	净利润排名
2018 年	13036.8	67	−179439.21	68
2017 年	555708.17	3	366821.23	2
2016 年	524266.59	4	303394.74	4
2015 年	295476.73	6	172214.85	7
2014 年	180973.98	15	102352.79	14

资料来源：作者根据各信托公司 2014 年至 2018 年年报整理。

第3章 信托选择中常规十维标准

3.1 尽职调查报告是天使也是魔鬼

尽职调查报告（以下称“尽调报告”）是每份集合类信托产品信托公司都必须提供的底层资产调查报告，这份报告是投资者做决策的基本依据，同时也是信托管理人的应尽义务。

我们先来看下面这个案例：

2019年4月29日，中国青旅实业发展有限责任公司债务处置事项尚在艰难推进。苏州金融资产交易中心有限公司则正为中青旅子公司北京黄金交易中心有限公司的1.2亿元定向融资“焦头烂额”。

此前，苏州金交中心共为北京黄金发行19期定向融资计划合计1.23亿元，其中在北京黄金5亿元信托实质违约前后募集了3000万元。

北京黄金的定向融资产品最早发行于2017年10月，2018年还发行了部分产品，然而尽调报告方面披露的数据却为2015年、2016年年报。

在尽调方面，募集说明书还显示，北京黄金2015年末的资产合计241.58亿元，负债合计156.58亿元，净资产合计85亿元；2016年末的资产合计292.75亿元，负债合计197.5亿元，净资产合计95.25亿元。

与此同时，保证人中青旅实业2015年年末资产、负债和净资产分别为428.81亿元、313.73亿元和115.08亿元；2016年年末的资产、负债和净资产分别为900.06亿元、385.32亿元和514.74亿元。

除此之外，并未披露营业收入、净利润等更多财务信息，而是指出“投资者如需了解详细的财务会计信息，请参阅本公司2015年、2016年度审计报告，详见备查文件”。

据了解，世腾克运场站，投资者可以到北京黄金或苏州金交中心查阅上述文件。不过，大部分投资者表示未曾查询过上述文件。

一位金交所行业人士此前对记者表示，“通常发行产品需要披露尽职调查报告，财务数据也应该披露至最新一期”。也就是说，北京黄金的定向融资产品最早发行于2017年10月，至少应该披露融资方2017年半年报，而2018年才发行的部分产品，则应该补充披露2017年年报。

如此一来，产品违约似是必然。2018年9月，在北京黄金首次违约被曝光已时隔四个月之际，苏州金交中心第一次发布公告，对北京黄金产品作出风险提示。2018年10月17日，在第一期产品兑付的10天前，北京黄金和中青旅实业向苏州金交中心发来《延期兑付公告》。按照兑付计划，要到2020年2月26日方能兑付1.23亿元本息。

4月24日，一位投资者告诉记者，她从知情人士处了解到，苏州金交中心或将通过向投资者分期垫付方式提供流动性支持，同时金交中心将积极参与中青旅重组，为投资者收回本金。目前，垫付方案还在制订中。

资料来源：中经金融文章《奇葩！尽调用三年前数据，信托违约不耽误融资，这家坏账一箩筐的企业勾搭上了一家这样的平台》。

就像完成任务一样，为了完成尽调，真是什么都干得出来。所以，在分析尽调报告数据前我们首先要理解尽调报告——不可全信。

（1）信托公司立场无法真正客观公正。尽调报告从理论上来说应当是以披露风险为主基调，但是如果这样会极严重地影响投资者信心。从实际情况来讲尽调报告，信托公司基本上是在配合其财富部门进行销售，是一个七分营销、三分披露的状态。其中会有大量的积极、稳定类的形容词汇，从而引导客户购买。

出现这种情况是必然的，信托借款属于高息贷款，选择这种方式进行融资的企业或个人在财务上是必然有瑕疵的。但是如果信托报告重点讲解瑕疵，那么投资者就会很难接受。毕竟中国投资者普遍并不成熟。一个项目一旦通过信托公司的风控部门，那么所有的工作就开始围绕着销售进行，所以尽调在完成银保监会基础要求之后，必然会引导投资者进行投资。

作为投资者，我们在看尽调报告时，重点是看定量数据和事实结果，而不是尽调报告的结论，独立思考是成熟投资者的必备素质。

（2）融资方提供数据可信度有问题。既然文字是带有导向性的，那数据就应该客观得多吧，可现实是融资方的财务数据真实性同样值得怀疑。目前国内的情况是上市公司财务数据、非上市体系财务数据，造假都非常严重。更何况现代财务报表的各种处理方法，即使不造假，只通过各种会计规则就可以让投资者失去判断能力。所以融资方的财务数据，我们要保持高度怀疑的态度，进行选择性识别与分析是最现实的做法。

近段时间，这方面体现得最为明显就是上市公司了。最新的例子当属欢瑞世纪。

3 年前 30 亿元成功借壳上市，李易峰、贾乃亮等众多明星借着欢瑞世纪实现了财富梦。如今，随着欢瑞世纪公告的陆续更新，公司更多的违法细节也曝光了。狂秀财技、财务造假，触目惊心。①

2019 年 7 月 30 日，欢瑞世纪发布公告称，公司于 7 月 29 日收到中国证监会重庆监管局下发的《中国证券监督管理委员会重庆监管局行政处罚事先告知书》，称欢瑞影视未能提供真实、准确、完整的 2013 年度、2014 年度、2015 年度及 2016 年半年度的财务数据，导致欢瑞世纪公开披露的重大资产重组文件存在虚假记载及重大遗漏。

为顺利完成借壳上市，从 2013 年开始连续四年，欢瑞世纪通过虚增营收、虚构收回应收款项等手段给利润数据大肆注水，同时公司也存在连续多年违规资金占用情况。

上市公司尚且如此，那就更别提信息披露明显要差很多的信托项目融资方了。

根据投资者提供的 2016 年 6 月 28 日标明“中小企业事业二部呈报”的《关于“信达 3 号”资金信托计划尽职调查报告》，截至 2015 年底，融资方广生堂医药批发实现销售收入约 3.29 亿元，净利润 1455 万元。截至 2016 年 5 月，该公司营业收入 1.43 亿元，利润 350 万元。报告预计在新增贷款（信托融资）投入运营后，年营业额将超 6 亿元，公司年利润将达 3000 万元以上，经营现金流和利润可覆盖贷款本息。②

根据投资者提供的山西信托事中管理报告，2016 年底，广生堂医药批发营业收入约 3.33 亿元，净利润约 1256.73 万元。

但是，工商信息中广生堂医药批发 2016 年年报显示，该公司当年营业总收入仅为 285 万元，净利润是-142 万元。

相同项目数据，信托资料与工商信息严重不符，呈天壤之别。

---

① 《捧红杨洋、杨幂、李易峰的这家公司，连续 4 年财务造假！400 亿市值缩水 90%》，《新晚报》2019 年 8 月 1 日。

② 《投资人指山西信托失职 融资方运城富豪全亚林财务数据成谜》，《证券日报》2018 年 2 月 10 日。

资产项的变化和差异也相当惊人，尽调书中显示，截至2016年5月，广生堂医药批发资产为6.57亿元，负债约3.13亿元，净资产约3.45亿元。山西信托事中管理报告显示，2016年末，广生堂医药批发资产约6.41亿元，负债约2.87亿元，净资产约3.54亿元。

但是，工商信息中广生堂医药批发2016年年报显示，当年末，该公司资产仅2927万元，较事中管理报告数据少95.48%，较尽调书半年末数据减少95.55%，负债354万元，较事中管理报告数据少98.61%，较尽调书半年末数据减少98.87%，净资产仅为2573万元，较事中管理报告数据少92.66%，较尽调书半年末数据减少92.01%。

投资者认为山西信托事中管理报告和尽调书中的财务数据涉嫌造假，尽调书中对该公司预期也过高，存在虚假数据。

“信实55号”尽调书中融资方运城市万家隆购物中心有限公司财务数据也有不好理解之处，财报中2012—2014年及截至2015年4月的各年流动资产统计，其分项加总后远低于合计，占比都不到50%，占大比例的项目缺失，且金额都接近或超过1亿元。

“信达3号”和“信实55号”的投资者还认为，抵押物不足值，信托公司在信托资料中却认可了评估结果。投资者称，山西运城房价每平方米在3000元左右，远不及尽调书里提及的评估金额每平方米8000多元。

投资者反映，他们赴山西信托交涉时，相关负责人表示，作为项目经理，没亲自去抵押物处查看抵押物。不过这一情况记者未能从山西信托得到证实。尽调书则显示的是项目经理对融资公司和抵押物进行了现场实地调查。另外，“信实55号”尽调书中开篇显示的该产品抵押物与正文中显示的抵押物不一致。

投资者提供的“信达3号”集合资金信托合同和“信达3号”《认购风险申明书》都规定，“受托人依据信托计划文件管理信托财产所产生的风险，由信托财产承担。受托人因违背信托计划文件、处理信托事务不当而造成信托财产损失的，由受托人以固有财产赔偿；不足赔偿时，由委托人自行承担”。

（3）中国金融估值公信力不可靠。

尽调报告中有一组非常重要的数据链就是估值，例如在建工程估值、土地估值、股权估值、股票估值等。这是我们判断投资安全性的重要标准，但是这一组数据的真实性同样可疑。

首先，虽然出具估值报告是为了服务投资者，可是直接出钱的却是融资方，所以相关估值公司想要顺利接到业务，必然首先要满足融资者。

其次，估值并不包含变现速度的评价，例如很多项目是以商铺为抵押物，可是目前大部分商铺资产被视为有毒资产，去化问题非常普遍。也就是说估值再高，可是真正出现问题时，投资者拿到手也没有办法进行变现。这时的估值从实际状况来讲就无限接近于0。

最后，估值是变化的，这一点体现最明显的就是以股权、股票为质押的商业借贷类。以2018年违约的凯迪生态、千山药机为例，其爆发债务危机后基本就是以不断跌停直接ST，甚至退市。这时的股票除了价格见底以外，更重要的是失去了流动性，成为理论资产。

总的来看，在分析尽调报告时，我们需要保持对估值的高度怀疑，同时我们应在此基础上总结出自己的一套评价估值体系。

看尽调报告的重点：

(1) 重点翻看两大定量财务数据：银行贷款情况，融资方纯现金变化情况。

比如在成都某政信项目的尽调报告中，披露了借款人的负债结构以及该负债结构是由什么所致、现金流量表分析以及借款人的融资明细。

借款人2015—2017年末及2018年9月末报表显示，负债总额分别为982148.20万元、1386550.43万元、1795794.05万元和2264987.92万元，增幅分别为41.18%、29.52%、26.13%，主要由于融资人各在建项目陆续开工及持续投入，通过增加银行借款及发行公司债券等融资方式满足资金需求所导致。

从负债结构看，以非流动负债为主，2016年12月—2018年9月，非流动负债在总负债中占比分别为62.70%、69.25%、68.69%，非流动负债中大部分为长期借款和应付债券，同期长期借款分别为74.33亿元、115.35亿元和133.32亿元，逐年增长，2017年末较2016年末增长幅度较大，主要系该公司项目施工建设和土地整理对资金需求增加及偿还债务规模较大融资需求增加所致。流动负债方面，2016年12月—2018年9月，该公司流动负债分别为51.73亿元、55.23亿元和70.91亿元，主要由其他应付款和一年到期非流动负债构成，其他应付款大部分为国有企业往来款，一年内到期非流动负债全部为长期借款。有息债务方面，大部分债务为长期借款和应付债券等长期债务，同期，长短期债务比分别为0.53、0.37和2.19，根据其业务模式来看，我们认为其负债结构较为合理，符合该公司资金回收期长的特点。

当然在尽调报告中也披露了借款人截至2018年12月底的融资明细，由于篇幅原因，这里就不说明了。

那么什么样的情况才是合理的呢？笔者有以下几个标准：

①银行授信额度要远远大于信托的授信额度。我们始终要明白一件事情就是信托的本质是高息贷，是银行贷款的替补，是第二选择。如果一家公司的信托借款额度大于它在银行的贷款额度，那么这就叫本末倒置，是非常不合理的现象。

②银行授信额度使用率没有达到80%以上。

通常情况下一家公司会尽量不用尽银行授信贷款额度，主要有两点原因。第一是银行授权额度完全用完会增加银行的顾虑，担忧公司的现金流状况。第二是以备不时之需，企业在经营过程中可能随时需要使用资金，相较于信托，银行授权额度更加灵活方便。

以笔者个人经验来看，通常一家企业银行授权额度使用率最好不要超过80%，在此基础上再通过信托进行融资就说明该企业现金流还有一定的回旋余地。

③银行授信以全国性商业银行为主，地方小银行为辅。

银行之间的风控水平与要求差别是客观存在的，通常一家公司如果借款主要是全国商业银行，说明其贷款已经经过了较为规范的审核。而地方农商行、村镇银行因为地方关系的原因，经常会出现一些不规范借款行为，这里面最为典型的就是包商银行。

所有的信托项目都有一个关键性问题需要得到合理的回答：为什么不找银行借钱，而是通过信托借利息更高的资金？以上三个标准在一定程度上可以回答这个问题，第一点，银行授信额度远远大于信托授信借款额度，说明信托资金在企业的资金链中只承担替补作用，所以公司能够承受相对较高一点的小额短期利息。第二点，银行授信额度使用率不能太高，通常情况下一家大型企业并不会全额使用银行授信额度，因为这会让银行、投资者对企业资金链产生担忧。但是使用信托的企业也必然处于一个资金链相对紧张的状态，以个人经验来看，这个使用值的水平如果处于80%下方，则说明企业的偿债能力还有余力。第三点，银行之间也有很大的区别，2018年金融去杠杆，过去金融扩张阶段隐藏的风险开始显现，大量地方小商业银行风控体系的不成熟大量显现，最明显的例子是2019年5月包商银行被接管。所以一家企业的银行贷款主体是地方中小银行，那就从侧面说明其资产质量不受全国性商业银行的肯定，也能反映出一定程度的风险。

（2）注意融资方还款高峰期是否与信托还款高峰期重合，最佳时间应为高峰前段。

现代企业经营中最危险的事情就是资金链断裂，而这种情况往往就出现在其债务到期的高峰期，只要出现一起违约事件，就会引起连锁反应。所以我们在分析融资方的还款能力时，需要有意识地尽量回避债务高峰期，希望信托的兑付期限在此之前，这样可以大大降低信托的违约可能性。

（3）抵押物信息。这是信托产品最后一道安全屏障，即使项目违约，指望信托公司进行兑付，其也要优先考虑抵押品价值与流动性。

尽调报告对于抵押物的形容是不可信的，关于抵押物最重要的两个指标是估值与抵押率。按照要求相关抵押品都需要找到具有相关资质的企业进行评估，出具估值证明，然后再结合贷款金额给出相应的抵押率。但是在这个过程中存在两个问题：

①评估的钱谁出。每一份尽调报告中都会有相关费用的解读，例如信托公司收益不低于 1%是常态，实际要比这高得多。而且评估费用都是一笔带过，“各项费用都由融资方承担”。谁给钱就对谁负责，自然会有明显的偏向，所以相关估值的判断肯定是高估。

②高估对于融资方和信托方来说都是有内在需求的。一份信托尽调到投资者手中，也意味着信托公司已经确定做这个项目，这个时候信托公司的方向已经确定，当然希望通过该尽调让投资者成交。所以在估值这个关键指标上，一旦信托内部风控同意此项目，则高估是常态。

对于抵押物相关信息如果条件允许，可以到实地现场或是通过互联网、人脉等手段进行考察得出自己的判断。

（4）融资方评价需结合互联网多方信息进行印证。

通常情况下一个信托融资方的评价主要有两方面，第一个是财务状况，第二个是信用与法律状况，没有信用违约和不良记录是基本条件，可是这并不能代表相关企业与个人就完全没有问题。我们需要结合多方面信息对主体责任人多维度考量。

①所处行业总体发展状况，企业在行业总体的位置。“在风口，猪都可以飞起来！”这是风投圈中一句非常有名的话。判断融资公司所在行业总体发展趋势，例如，信托融资方是融创房地产公司，我们就需要判断房地产未来几年可能的走向，融创在房地产行业处于一个什么位置。又或者某钢铁公司借款，就算该公司财务状况不算差，但是钢铁是强周期行业，并且整体在走下坡路，我们就需要担心行业带来的整体风险。

②企业整体融资环境变化趋势。

以 2019 年 7 月为例，监管部门约谈二十几家信托公司，对于房地产信托超发问题进行督导，这造成最直接的影响就是房地产公司整体融资环境的恶化。其他影响因素还包括2018年金融整体去杠杆、两融数据的更新、美国加息预期的变化等。

10家被银保监会约谈的公司为兴业国际信托、交银国际信托、五矿信托、百瑞信托、江苏信托、万向信托、国通信托等；

12家被北京银保监局约谈的公司为中信信托、中诚信托、外贸信托、英大信托、中粮信托、华鑫信托、金谷信托、国投泰康信托等。

用益信托数据显示，截至7月10日，2019年投向房地产领域的信托产品共发行3313款，总资金规模达5359.27亿元，较2018年同期增长14.26%。

③企业的社会评价。一家企业的社会评价是一个比较主观的命题，但是“好事不出门，坏事传千里”，在互联网高度发达的今天，只需要通过互联网就可以查到相关企业很多负面信息，只需要核实其真假就有一个大体概念。总体原则是：宁可错过，不可错买。

3.2 信托公司的选择

信托投资首要任务是要选择一家信托公司，一家靠谱的信托公司是信托投资的起点，这里我分两步讲解。

表3.1是12家信托公司净资本、各项风险资本之和、净资本/各项风险资本之和、净资本/净资产和不良率几项主要指标。

表3.1

信托公司	净资本（亿元）	各项风险资本之和（亿元）	净资本/各项风险资本之和（%）	净资本/净资产（%）	不良率
重庆信托	190.75	73.63	259.08	84.88	不良资产率很低，趋近于0
平安信托	171.45	89.21	192.2	82.8	无不良
中信信托	168	88	190.18	69.25	期初7.94%→期末7.51%
华能信托	160.84	75.06	214.26	87.17	无不良
中融信托	157.05	64.44	243.72	91.26	无不良

续表

信托公司	净资本（亿元）	各项风险资本之和（亿元）	净资本/各项风险资本之和（%）	净资本/净资产（%）	不良率
江苏信托	149.99	59.39	252.55	84.31	期初1.14%→期末0.40%
兴业信托	130.46	76.83	170	83	期初10.37%→期末4.83%
上海信托	117.5	59.62	197.09	86.37	期初7.72%→期末8.16%
中诚信托	115.17	57.23	201.24	68.65	不良资产率很低，趋近于0，但也有十几万的不良资产
华润信托	108.74	51.33	211.83	55.2	无不良
昆仑信托	108.33	63.48	170.65	84.42	无不良
五矿信托	105.13	77	136.54	85.04	期初0.04%→期末0.03%

注：净资产监管标准是≥2亿元，净资本/各项风险资本之和监管标准是≥100%，净资本/各项风险资本之和监管标准是≥40%。

第一部分：普通投资者常见选择信托公司方法

1. 选择排名最靠前的信托公司，越大越好

这个方法虽然说简单粗暴，但不得不说是非常有效的。信托公司真正开始规范化管理是2000年之后，目前的行业业态也只经历了短短的十几年。在这十几年的发展过程中有的信托公司一步步做强做大，稳固在行业金字塔顶端。也有几起几落的信托公司，2017年还风头正劲，结果在2018年就成行业爆雷王，公司控制权易手。

选择金字塔顶端的几家信托公司的确能够有效地控制投资中的风险，因为能够成为强者必然在风险控制、项目选择、利润控制、品牌建设上都有过人之处。

但是单纯的唯大公司论也有很多明显的问题：

①店大欺客，信托公司赚大头。2019 年有很多投资者感叹信托公司的产品基本没有挑的机会，基本靠抢。所以头部信托公司往往会利用自身的优势地位，赚取更高的利差。往往当同一家公司找两家信托公司借款，两家公司发行的信托产品收益率相差可以超过 1%。

②投资者众多，份额基本靠抢，无选择余地。信托市场是一个标准的卖方市场，投资者本身没有太多议价权力。这一点大的信托公司体现得极为明显，100 万元的小额项目，只要能够买进去，基本就要谢天谢地了。更别提相对优质的项目，即使是份额超过 10 亿元，在 2019 年也出现过半天之内份额预定一空的情况。当产品基本不用靠抢时，产品的安全就只能指望自身的运气了。

2. 收益整体越低越好

在信托投资过程中很多人会单以收益率的高低来分析产品的风险，这一点是有可取之处的，因为投资收益与风险是成正比的。过高的产品收益率，确实是风险失控的关键信号。但是一款产品的收益率是由很多因素综合产生的，比如行业排名前三的信托公司一款产品收益率为 7.5%，是不是比排名靠后的信托公司同一借款主体公司的 8%收益率产品安全性更高呢？答案显然不是，因为大信托公司有极强的议价能力，往往要赚取的息差更高。又或者一款云贵某县的政信产品收益率与上海的一线房企的信托产品收益率是一样的，这时两者到底谁的风险更大呢？政信类相对于地产类是有一定利率优势的，但是在笔者看来，肯定后者更安全。

3. 国企性质的信托比民营性质的好

我国企业结构比较复杂，但是最主要的大致可以分为国企、民企、外企。在过去外企曾经享受过一段时间的超国民待遇，目前已经不存在。而民企一直都面临次国民待遇问题，这一点主要体现在金融机构的态度上。因为国企背后往往有政信背景，而金融机构基本也都是国企。在信贷上尤其是中小民营企业，确实存在贷款难、贷款贵的问题。最终回到对于金融机构的选择判断上，投资者也更愿意选择有国资背景的信托公司。关于这一点的选择我认为是没有问题的，只是我们需要更加细化一点选择范围。

第二部分：个人评测体系

信托，即信任托付。作为投资者的我们因为信任，把钱交给了信托公司，那么这家公司本身的质地就显得非常重要了。目前国内总共有 68 家信托公司，如何选择信托公司成了我们投资信托的第一步。评价信托公司的好坏不是那么容易与公平，因为人是主观的，会先入为主。所以我们急需建立一个公平的评价体系，就如你要比较两个人的身高，首先需要的是一把尺，这样才能真正体现差距。

艾财爱家信托公司评测体系总共包括五个方面：①大股东评价。②信托公司所属地区。③近五年财务指标评价。④业务方向分析。⑤违约案例分析。

一、大股东评价（30分）

大股东实际上是一家公司真正的控制人，决定了这家信托公司的原始基因，大股东的质量高低是我们评测体系中极为重要的一环（见表3.2）。

表3.2　**大股东评价体系**

大股东成分	评分	理　由
全国性金融央企信托	30	中信、建信这种银行系、金融系的央企大股东实力雄厚，管理能力强，市场化程度高
央企信托	20	央企信托实力强，但是非金融系的大股东经营状况始终处于变化之中，而且不如金融系出身的央企有管理能力。例如，中铁、中粮等属于这一类
大型国企信托	15	企业大股东为大型国营企业，国营企业往往在经营上要比民营企业更稳健，资金运作更具规模
地方国资委	10	信托牌照如同原来的“211工程”“985工程”大学分类一样，极具含金量。信托牌照数量只有68张，其中相当一部分分配给了省级地方国资委。地方国资委控股容易出现的问题是大股东管理失位，无人负责，易造成管理混乱。其中的典型就是雪松国际信托（中江信托）
民营信托	5	大股东为民营企业的信托，为什么民营不如国营的任何形式，单独讲解
实际控制不明	0分	信托公司中有几家信托公司存在着大股东股权底层穿透之后，无实际控制人的情况。这也意味着信托公司在经营上一旦出现重大风险会无人负责。其中典型为中泰信托

为什么在信托领域，民营大股东不如国营企业？

（1）信托牌照的特性。信托是金融牌照中被限制得最少的一种，这也意味着其拥有某种程度上的无限融资权，所以在信托公司中出现了高达几千亿元规模的资金池，而相关大股东利用这些资金在证券市场、实体经济中进行大量并购活动。这样一来就会存在两大风险：第一个是大股东利益输送，第二个就是并购本身带来的波动风险。所以当一家民营企业获得了这种“无限融资权”时，本身就是一件非常危险的事情。

(2) 民营信托企业经营特点。相较于国企，民营企业更加灵活，更有创造力，但是这是在其他领域。在金融领域这些都是缺点，至少对于投资人来说是如此。民营企业的活力和灵活性来自于企业是私有制，企业所有人有绝对的最高权力，企业行为完全可能根据个人意志进行运转。但是金融机构，尤其是信托是代人理财，需要的是规范的资金运作、稳健的经营手法，不过度追求高利润。而这些特性与民营企业的经营特点恰恰相反。

投资这件事情，越商业化越好，受其他方面因素的影响越低越好。

二、信托公司所属地区（10分）

信托公司总部所在地和信托公司的产品相关性非常大，这一点很好理解。因为无论是大股东还是工作人员都是本地人。信托业务模式更多体现的是“关系”，这对于信托公司的产品方向非常重要。而且不同的地域也带有很多地方特色，总的来说，经济发展越好，城市规模越大，透明度就高，操作也更加规范，同时业务资源也更优质（见表3.3）。

表3.3 **信托公司所属地区评价**

地域	评分	理　由
广东、浙江、北京、上海、深圳	10	这是目前信托公司主要业务区域也是大多数信托公司所属地或是实际办公地
湖北、河北、河南等广大省份	5	这些省份在省会城市会有一家或两家信托公司
江苏、天津、湖南、重庆、山东等虽然表面经济状况理想，但是杠杆率超高的省份	0	这些地区比较特别，经济总量从表面上看非常不错，但是地方融资平台负债率奇高，同时出现民营企业互保和债务违约情况
贵州、广西、云南、内蒙古、山西等多地出现违约的省份。	-10	上述地区已经出现大量地方平台违约的信息

三、近五年财务指标评价（20 分）

通常评价一家信托公司，涉及的财务指标主要有营业收入、净利润等，以及这些指标在行业中的排名。从排名我们可以大致看出该信托公司在行业中所处的位置。

此外，监管里面有对净资本的相关标准：如净资本≥2 亿元，各项风险资本之和、净资本/各项风险资本之和≥100%，净资本/净资产≥40%。

四、业务方向分析（20 分）

这一评测标准主要是从信托公司所筹资金的投向来划分的。投向主要划分为基础产业类、房地产类、证券市场类（包括股票、基金、债券）、金融机构类、工商企业类和其他类。

基础产业信托是指将信托资金专门用于投资市政工程、公共设施、水务系统、道路交通或者能源通信等基础设施项目，一般采用信托贷款、股权投资合作开发等方式。融资主体往往是具有高信誉级别或拥有政府背景的大型企业集团，所投资项目也多为投资者较为熟知的服务社会的重点工程，产品本身附有政府信用或银行信用。但该类信托的缺点或者说隐患也在于此，即所谓的"城投信仰"。背靠政府就一定安全吗？每个地方经济状况都一样吗？

房地产信托，这个很好理解，就是将募集资金用于房地产开发项目。该类产品最大的风险就在于政策风险，也就是大家反复听到的"房住不炒"。因为"房住不炒"，所以房地产信托规模被压缩是一定的。

证券市场类（包括股票、基金、债券），按照字面意思来理解就行，就是将募集资金用于投资有价证券。该类产品的风险就在于价格的波动风险，即一二级市场有的风险它都会有。

金融机构信托是指信托资金的用途是为银行类金融机构、证券公司、保险公司、基金公司，以及其他金融机构提供注册资本、并购资金和运营资金的信托计划。通常采用股权投资或股东贷款形式进入，金融机构盈利以及股东回购作为退出的资金来源。该类产品的风险就在于金融机构的实力如何，用于风控的抵押到底可不可靠。

工商企业信托是指信托资金的用途是为生产、服务和贸易等类型企业提供并购资金、流动资金以及项目资金的信托计划。这个没什么好解释的，2018 年的违约案例绝大多数属于此类产品。一家企业都被逼到找信托借钱了，这个企业的财务状况能好到哪去？

其他类，我更喜欢叫它说不清楚类。这类产品的投资标的可以是个人借款类、各种艺术品、古董等，这类产品的风险无疑是很大的。就拿个人借款类来说，它就面临三个问题：①信托公司哪里找这么多小额客户？如何做到小额分散？②牌照问题，假借他人之手？③风控措施是什么？找信托借钱的人如何确保还款？

评测这个标准时，我们要结合各个产品类别在公司总信托资产的占比，并结合各个产品的最新政策来分析。当然，也得分析该信托公司整体经营风格。比如2018年的爆雷之王中江信托（现已改名雪松国际信托），它的“十雷连爆”涉及了太多爆雷“网红”企业，如凯迪生态、神雾节能、大连机床、亿阳集团、斐讯科技等，这就说明了该信托公司在业务的选择方向上是存在一定问题的。

五、违约案例分析（20分）

实战是检验真理的唯一标准，这是没有任何疑问的。通过分析和收集各家信托公司的违约案例并对其进行分析就能够知道该信托公司在管理、业务方向、风控等各方面存在的问题。这些问题都是长久形成的积弊，不可能在短时间内得到解决，栽在同一个坑里才是常态。

1. 违约数量的统计

每一家信托公司都有信托违约案例，这是不容反驳的，而且你投资信托的核心理由之一也是信托违约常发的根本原因——高息！问题的关键是概率、占比。占比越少，信托公司解决问题的难度更小，更可能回本。可是如果像近两年中江信托一样，那么问题就没有办法解决了。目前中江违约案例有数十个，总金额超70亿元，最后地方国资委也是通过一卖了之的方式解决。可怜雪松控股花了200亿元接盘，还至少得花70亿元来解决问题。

如此大面积违约确实比较少见，但是可以判断的是风控部门与业务部门之间相互勾结，掏空公司和客户资产。因为业务部门找到一个项目，一旦通过风控，就可以拿到高额提成，甚至是两头吃。如此大面积的问题说明风控部门彻底失位，可以肯定的是这里面还存在内外勾结问题，最后雪松自己总结：大股东失位，简单来说就是打工的成了公司的主人，那还不吃公展私！要知道成一单都是百万元以上的收益，还不算外围给得更多。

只是这种违约情况，信托公司通常会严格保密，只能靠个人收集积累了。

2. 违约案例的分析

除了数量以外，我们还需要对违约案例进行分析，不同的违约情况、不同的处理方式对于投资者来说都有不同的案例。

例一：管理水平不行！（−5）

重庆典雅违约中，信托公司原本有相关足额房地产作为抵押物，不还款没有问题。可是到最后在没有收回本息时就轻易解押，造成相关公司进行二次抵押，最后法院把抵押物判给了别人。这属于典型的管理细节问题，项目负责人要负全部责任。所以我们在审视这家信托公司的产品时，一定要注意其产品条款细节问题。

例二：风控水平不行！（−5）

信托是高息贷，除开房地产公司以外，其他行业公司一般会尽量回避这类借款。所以当一家公司想要找信托借钱时，本身就说明该公司现金流出现一定问题，关键是度。这个时候风控一定要找到这个“度”，判断这个度是否超标。近几年大型信托违约案例非常多，例如，海航、南京建工、凯迪生态等。其中后二者在借信托前，财务状况极度危险的信号就非常明显。南京建工在两年多以前出现过一个案子，××帮助南京建工到银行拿贷款，总计收了七个点的利润，这事都上法庭了。但是还有多家信托公司放款，这其中原因错综复杂。凯迪就更加明显了，本就是上市公司，危险信号更是不断，但是还是有近十家信托公司深陷其中。①

例三：大家都不行！（−5）

往往一个比较大的违约案例，会有多家信托公司牵涉其中，这也就是所谓的大家都违约！像这种案例我们首先需要分析的是为什么大家当初会借款，最后要分析的是谁处理得最好。例如南京建工案例中，长安信托总计放了 28 亿元，第一时间它就把担保方南京新港的 25 亿元存款给做了资产保全，而中信、昆仑等就很难说了。

例四：综合实力不行！（−20）

信托违约是经常的事情，但是很多信托公司会低调解决。比如有抵押物，信托公司认为抵押物可处置，比如地方违约，地方出具了还款承诺函，但是短期拿不到钱。有的信托公司会出于品牌和业务形象问题先行解决，自己再来慢

① 《吴小军非法经营同类营业罪、对非国家工作人员行贿罪二审刑事裁定书》，裁判文书网，2017 年 11 月 25 日。

慢处理。越大体量、过往品牌质量越高的公司，越有可能如此。这是一个很难判断的综合问题。国民信托处理某钢企的案例，因为一个案子违约，整个公司的业务基本暂停，可见其综合实力存在问题。

3. 刚性兑付的问题

我们在与信托公司业务人员沟通时，他们常常会说他们公司过去100%兑付。这是不是事实，有一小部分是的，但是不是就说明没有问题呢？

问题1：刚兑规模过大，积压不良资产率，最终可能出现全局问题。(-5)

如果说一家信托公司一年赚50亿元，每年违约刚兑的金额5亿元，笔者当然觉得没有太多的问题。(+10)

但是如果我们发现一家公司收购了大量的垃圾资产，明明很多项目出现问题，外围兄弟公司爆雷频频时，还说100%兑付这种事，笔者就会认为未来一旦出现问题就是系统性风险。所以说刚兑这种事解一时问题，最终的风险则是接最后一棒的人全额买单。

问题2：政策不确定，失去风控思维（-5）。

目前新资管明确规定不准刚兑，但是执行上有一定的问题。但这也说明这是一个方向，未来刚兑的可能性在不断降低。此外，总指望刚兑，人们会失去对投资风险的敬畏，夜路走多了，迟早是要出事的。

通过评测体系的分值进行选择是一种非常科学的思维，如果没有精力与专业水平，也可以用以下较为简单的方法。

1. 公司排名上选择“三三”制原则

“货比三家，不吃亏!”从实际投资信托的情况来看，建议大家在排名前十的顶端信托公司中至少选择三家公司，长期保持联系，让理财经理定期为你提供产品信息。然后在11~30名之间再选择三家信托公司，同样的目的。选择大信托公司的目的是为了有机会获得市场最优质的产品，选择几家中游信托公司是为了在同等质量的情况下，获得更高的收益率。千万不要有我不在乎那“一个点”的想法，投资信托的根本原因是因为可以获得更高的收益率，既然来到这个风险市场的边界，理应争取个人利益最大化。

2. 收益整体设上限，多对比

收益与风险成正比，有时一款产品的收益率明显要比同时期同类产品高出许多，这意味着更高的风险。因为产品收益过高意味着信托公司在发行这类产品时，要能赚更多的钱才愿意冒险。两者叠加，贷款方则要付出更大的代价，过高的资金成本也意味着违约风险成倍增长。

所以我们需要设一个产品收益率的上限，但是收益率是随着市场的变化而变化的，我们也只能通过对比得出结论：同一家公司同一类型的产品收益率比较，不同公司同一类型产品比较。当你发现你看中的产品收益明显高于其他产品，那么我们就需要思考是否合理的问题了。

3.3 信托收益分析

收益与风险成正比，这是一条投资金律。信托产品的高收益来源于贷款者承担了比银行更高的利息，从本质上讲信托是一种高息贷。利息越高，投资者的收益率自然也更高，同时利息越高，借款者的还款压力也更大，违约的风险也自然更高。

虽然收益与风险成正比，但是最终的收益率受到各种因素的影响出现了一定的变化，深刻理解收益率上的差别，能够让我们大致判断出产品在信托投资范围内的风险水平。

市场平均收益率水平：比较任何东西我们都需要一个标准，那么比较信托产品收益率的高低，我们同样需要比较不同产品之间的市场平均收益率。这一点自身统计肯定是不可能的，可以通过行业知名网站获取，个人推荐：AK信托评测、用益信托网、信托网等。

信托市场平均收益率浮动特性：信托对于企业来讲是第二甚至第三融资选择，所以当银行信贷宽松时，信托利率下行的速度更加明显。而当银行信贷政策紧缩时，信托无论是发行量还是产品收益率都水涨船高，这一点最直接的体现就是在2018年金融去杠杆的过程中，信托收益不断抬升，2019年去杠杆暂停后，收益率开始明显下降。

基本规律：

1. 大公司溢价率1%左右

信托公司本身并不是通过自有资金放贷，而是通过发行信托产品进行融资放贷。这时一家信托公司的融资能力的强弱就显得至关重要了，越强的融资能力意味着其作为中间人在借贷双方之间的话语权就越大，店大欺客就成了必然。以2019年1月行业披露数据来看，一线房企从信托公司拿到资金的成本为13%，可是投资人能够拿到的收益率却是从7.5%至9%不等，而一家大型房地产公司通常跟近十家信托公司合作。

所以大家在通过收益率比较去判断产品风险时，一定要考虑信托公司本身的经营策略，大信托公司的产品收益率+1%。

2. 产品大类之间收益率差距

信托公司对于不同产品类型之间收益率的设定是基于放贷资金的利息高低来决定的，所以产品大类之间的收益率差别也体现了信托公司对于产品风险的判断。把一类产品的收益分为上中下的话：政信<房地产、商业借贷、个人借贷等。所以当一款政信类产品的收益率高于一款房地产信托时，这说明这款政信类产品是下等马。至于每一大类产品之间的收益率差别，除了政信相对稳定要低1%左右外，其余要根据实际情况来看。例如，2017年前上市公司借贷利率水平非常低，但是经过2018年上市公司爆雷潮之后，其产品收益率极速上升。

3. 产品期限之间的差距

市场上流通的信托产品投资期限通常为1年或2年，在产品收益率上存在着0.5%左右的差别。投资期限越长，自然收益率也会高一点，这一点非常好理解。所以当我们比较两款信托产品时，2年期产品需要减去0.5%左右。

4. 投资金额之间的差距

信托被称为“富人理财”工具，这是因为其100万元的高门槛，但是实际上100万元在目前的信托市场同样备受压榨。无论是产品购买的名额还是收益率都是如此。100万元小额可选择范围更小，购买产品名额有限，收益率也要比300万元以上的大额至少低上0.5%。

以上这些收益率上的差别都是正常情况下必然出现的，当不正常现象出现时，我们需要格外小心：

（1）大公司溢价率的消失。如果大的信托品牌公司产品收益出现明显抬升，这就说明本阶段产品的质量出现明显下降。

（2）基建类收益拔高。随着2019—2020年地方还债高峰期的来临，我们可以发现在2018年年底，大量的基建类项目收益率纷纷突破9%，而同期的一线房企的收益率却在8%与8.5%之间。这是极为不正常的现象，说明未来两年基建类信托远远没有投资者想的那么安全。

（3）房地产类收益率反向波动。房地产信托的收益率是随着楼市的波动而波动的，当楼市处于上涨阶段，房地产信托的收益下降就会很明显。因为这个阶段房子好卖，房企回款快，利润高，资金压力小，找信托公司借钱的数额和利息都要低。但是当楼市进入滞涨期时，房地产信托的收益却升高，这是因为房企的拿地节奏往往是反周期的，而建设楼盘也需要时间。

（4）商业借贷类拉高。这一类信托在 2018 年以上市公司为代表，成为了整个信托类投资的重灾区，但是其产品收益率一直以来却并不高。这里面的原因有以下几点：①信托公司高收益产品，除开个人消费贷以外，商业借贷类的产品收益率一直以来都是主要信托类型中最高的。收益区间在 1%~3%，通常都在范围上限。②故意拉低收益率。因为一般商业借贷类企业的知名度较高，就算是财务状况不是很理想，但是信托公司也不敢给过高的收益率。这样反而在实际的融资过程中造成困难，同时也不符合信托公司高风险、高收益的经营思路。所以我们需要警惕一些商业借贷类公司的收益率突然上升，这包括横向和纵向的收益率比较。

5. 其他特殊情况

与社会融资环境总趋势反方向发展。2018 年随着金融去杠杆的进行，社会总体融资成本抬升，这时信托的平均收益率在半年时间里平均升高 1%。这是符合社会融资趋势的，也是可以理解的。从侧面来讲甚至降低了信托的总体投资风险，因为第一选择的银行额度趋紧，会倒逼一些优质公司考虑信托这个备选方案。虽然 2018 年信托行业爆雷事件很多，但是这并不是 2018 年的问题，反而是 2016—2017 这两年“资产荒”造成的，大量的垃圾公司与项目反而能从信托公司拿到融资。

反过来讲，2019 年市场总体融资环境明显改善，2019 年信托投资收益下降趋势也越发明显。可是某个产品和公司的收益并没有下降，反而逆市上涨，这是我们需要十分注意的地方。

3.4 借钱目的分析

借钱目的分析在本书中的重要性仅次于对信托“高息贷”属性的理解，因为这就是信托业内常说的“底层资产”的穿透。

信托说一千道一万，概括起来就是“借钱”，你将钱交给信托公司，他帮你找贷款者，你赚利息，他赚息差，贷款者买单。在这个过程中我们需要搞清楚一个关键问题，买单的人为什么肯背高息借这笔钱。

我个人总结有三个方向：借鸡生蛋、借新还旧、借鸡吃鸡！这三种情况在信托产品中很常见，很多时候一个信托项目中甚至混合着几种情况，但是严格区分，它们也都有自身典型的代表。

1. 借鸡生蛋代表：房地产信托

所谓的借鸡生蛋指的是通过借取信托投资者的资金去赚取高额利润，然后在返还本息之后能够有所盈利的模式。过去 20 年是中国房地产快速发展的黄金 20 年，这个行业是公认的暴利行业，而房地产目前的运作方式被归类为资金密集型。这两点特性正好与信托一拍即合，拥有足够的利润空间可以承受高息贷带来的利息压力，需要数额巨大的资金可以满足高净值人群的投资需求。从资金总量来说，超 50%的信托资金流入了房地产行业。

但是即使是房地产公司，通常情况下也不会全额依赖信托资金，因为对于任何企业来说，能够不在信托公司拿到足够的开发贷款时，是不会考虑到信托拿高息贷的。这里就不得不说一下老牌房企与新贵房企之间的差别了。像万科、保利这种最老牌房企在经营上一直以稳健为主，并且因为品牌价值与国企身份，它们的资金渠道成本一直都很低，无论是在银行直接拿开发贷款，还是在债券市场发债都有很多优势。而像恒大、碧桂园、融创这些后起十强企业，它们在资金运用上则要激进得多，其中最直接的体现就是在运用信托资金的规模上。我基本上在近几年的房地产信托产品中没有看到过万科、保利的项目，而后三者则可以说是绝对的主力。这一点我们可以通过 2018 年房地产业排名靠前的前 12 家房企财务指标对比表中得到最直接的体现（见表 3.4）。

表 3.4 **2018 年房地产前 12 强财务指标对比表**

序号	2018 年度	营业总收入（亿元）	归母净利润（亿元）	资产负债率（亿元）	现金及现金等价物的期末余额（亿元）	销售金额（亿元）
1	中国恒大	4661.96	373.9	83.584	1293.64	6002.1
2	万科	2977	338	84.59	1757	6069.5
3	保利	1946	189	77.97	1131	4050
4	碧桂园	3790.79	346.18	89.3595	2283.43	7016.9
5	融创中国	1247.46	165.67	89.799	761.81	4600

续表

序号	2018 年度	营业总收入（亿元）	归母净利润（亿元）	资产负债率（亿元）	现金及现金等价物的期末余额（亿元）	销售金额（亿元）
6	中海地产（中国海外发展）	1502.34	393.42	59.5216	842.08	2621.3
7	绿地控股	3487	114	89.49	697	3680
8	华润置地	1211.89	242.38	53.0616	692.46	2106
9	绿城控股	603.03	10.03	78.5108	433.47	1563.7
10	龙湖集团	1157.98	162.37	72.2189	450.83	2006.7
11	新城控股	541	105	84.57	400.1	2204.2
12	招商蛇口	883	152	74.28	573.3	1680.8

而在房地产整个开发过程中我们可以发现，信托资金的使用顺序分别为：①拆迁拿地阶段，拿到四证即可获得银行开发贷，相关公司会第一时间还上信托借款。②主体结构部分完工，进行后续建设阶段，一旦进入预售回款阶段，销售情况良好，第一时间会还上信托欠款。银行贷款必然是项目完工、最后阶段才还清。这里面并不是因为房地产公司多爱信托公司，因为高息贷的属性，多借一天钱，也意味着多侵蚀一部分利润。个人认为房地产行业从本质上讲是金融行业的一个直接延伸，而非建筑。

点评：借鸡生蛋类的信托产品非常多，只是房地产信托是最常见，同时也是最好判断的一个类型。因为信托高息贷的属性，相关借款行业必然是一个利润较高的行业，如果是普通制造业，农业等低利润行业是不可能承受得了信托的高息利率的。

2. 借新还旧代表：基建类信托

基建类也就是地方控股且为地方提供基础设施的城投城建公司向信托公司借款，这类项目属于典型的借新还旧，理由有以下几点：

①信托是高息贷，同时也是“上瘾贷”，参照历史只要是一个地方融资平台开始向信托借款，通常情况下就很难停下来。从时间来看，借款时间也越来越长。从金额上看，借款金额也越来越大。从信托公司数量上来看也越来越

多。形成这种情况的原因有三点：第一，继任者不会为上任还债，因为地方平台公司的整个运营、决策与政治领导人员变动紧密相关。这一任上举债发展经济，拉动 GDP 与城市建设。下一任没有理由为前一任还款，因为这一任同样需要政绩。第二，基建类项目无论是修桥还是修路，或者其他民生项目都无法短期产生效益。也就是这些都无法产生真正的利润，从长期看肯定是亏损的。第三，因为地方融资平台服务地方建设，采取的通常是拨款建设，在这个过程中大多数时候地方财政是无力拨款的。通常的解决方式是批几块居民住宅用地，盖房抵债。所以在房价上涨同期里，地方财政收入高的时期，即可收到足额拨款，也可以通过房地产项目获利。

在这一系列的运作过程中，过去的游戏规则一直都是采取借新还款、循环举债的方式进行还款。在土地财政收入较高的年份，降低总体负债率。

借新还旧项目的核心就是责任主体是否具有持续的借款能力、金融机构会不会突然断贷，在这一点上地方融资平台因为有很强的地方政信背景，所以相对于普通企业借新还旧能力要强得多。但是这也不是绝对的，例如在一个地方财政明显恶化和发生某起违约现象时，信托抽贷现象就很严重，很容易形成区域性的金融崩塌。

在判断借新还旧的能力时，有一个核心标准，就是银行贷款额度变化情况。因为在借贷领域银行贷款永远是一个企业的基础，只要银行不抽贷，那么对于企业来说就没有到绝境。为了保障这一点，往往企业并不会顶额使用银行批复的贷款额度，而在信托公司的尽调报告中，也会重点披露相关企业的银行贷款额度使用情况。这里需要注意的是：

①银行贷款总额度。每家银行批的贷款额度都意味着一次金融机构的调查，总额度与公司的净资产、现金流、发展趋势都有关系。

②银行额度使用占比。通常情况下，为了避免银行抽贷，企业通常不会将额度用完。可是在极端情况下相关企业一样会使用完，当出现这种情况时就需要我们提高警惕。

③信托公司数量越少越好。因为信托属于高息贷款，所以对于任何企业来说这都是资金使用上的第二选择，在自己的企业贷款机构中涉及的信托公司越少越说明其财务状况还拥有更多的后手。

3. 借鸡吃鸡代表：个人消费类贷款

目前信托市场上出现大量针对个人消费的信托项目，以某信托旗下发行的一款“万达消费贷”来说，主要针对的是在万达的 VIP 消费。像蚂蚁的借呗、微信的微粒贷都属于这一类型，只不过像这种消费类中的顶端资源，别人并没有必要通过信托渠道提供资金。

目前个人消费类贷款从 2018 年市场贷款利率来看，常见的支付宝借呗、微粒贷的利率水平在年化 18%左右，招商银行闪电贷实际利率在 9%与 15%之间。信托中个人消费贷走在最前沿的外贸信托实际借款利率为 18%左右，这都属于正规金融机构正常利率范围的相关产品。至于像互联网借贷、高利贷、套路贷都不属于我们讨论的范围。

这类型产品的优点：化整为零，分散风险。以前信托是通过收集投资者的资金化零为整，放贷给机构，这时风险集中在了一起，一旦出现风险就意味着全盘失控。而这种消费类贷款，可以将归集起来的资金再次分散，这种分散可以通过大数定律来减少风险的波动。

其缺点是：①资金的流动中，多了一重参与者，意味着贷款者拿到的利息成本相对于机构投资者更高，目前市场上普通利率中值为 18%。

②资金的分散意味着必定产生一定数值的坏账率，信托公司为了保障承诺投资的本息，也必然会提高贷款的利率水平。

③风险判定难度更大，因为个人消费类贷款讲求的是分散，投资者在尽调中根本无法准确判断借款者的还款能力。更多的还是考察合作机构的背景、实力、商誉等。

三种形式，哪种形式最好呢？按照经济逻辑当然是借鸡生蛋最为理想，因为有产出，如果结果理想就是共赢可持续。借新还旧，无论如何总有一天是需要还钱的，而且持续不断的借新还旧意味着在债务绝对值上的利息成本压力。从实际结果看借新还旧问题会越积越大，往往危机爆发，就无法收场了。目前个人消费贷的实际风险并不小，因为借来的“鸡”直接就给“杀”了。可是这仅仅是理论上的，从实际状况来讲借鸡生蛋的关键在于“生”，你是否能确保“生”得出来。借新还旧，因为有地方政府的隐性信用背书，持续的借款能力似乎看不到尽头。借鸡吃鸡，虽然吃掉了这只鸡，但是因为足够分散，总体负担也许没有那么重。

3.5　还款来源的分析

还款来源实际上是由借钱目的来决定，所以对于还款来源的梳理与分析，我们可以延续这种思维去判断，直接通过借钱目的进行大类分析。

一、借鸡生蛋模式

(1) 销售收入。这是最直接也是最好的还款方式，因为销售产品产生现金流，我们可以通过判断相关产品的市场销售竞争力去判断借款方相应的还款能力。这里最为典型的就是房地产项目，我们只需要核算一下相关楼盘所在城市、地段、周边竞品的房价就可以很简单地判断出来此项目房地产的竞争力，从而判断自己本息的风险程度。

例如我们手上的一个项目：某信托公司融创武汉黄家湖项目。该项目位于武汉市江夏区黄家湖东岸，配套轨道交通8号线、武昌大道和黄家湖大道，位于黄家湖大学城内，距军运村核心区仅1分钟步行路程，将主要受益于武汉军运会。

该项目的还款来源：

第一还款来源：标的项目所产生的销售收入。标的项目预计可售货值约89亿元，信托存续期内，项目预计收入75.46亿元，对信托本息覆盖倍数为2.17倍，对信托本息覆盖倍数较高。

第二还款来源：融创集团的综合经营收入。融创集团2018年实现合同销售4608亿元，储备项目货值3.55万亿元，且主要位于一二线城市，变现能力较强。融创集团作为担保方，拥有充足且高质量的可售资源支持销售增长，补充还款能力比较强。

笔者写的评测报告中部分内容：

项目类型评价：这是一个配套住宅项目，在房地产中有一个“432”官网标准，这个项目都符合。个人在房产投资中有六个标准：一二线强城市、限购区域、一线排名前十五的房地产商、居民住宅项目、通地铁或是确定规划、流通性好的土地抵押。黄家湖虽然不是武汉最核心市区，处于三环外，但是环境很好，最重要的是军运村就在对面，笔者实地考察过。

还款来源评价：销售回款，这个项目的核心问题是纯商业别墅部分的销售问题，因为项目的利润部分取决于这类产品的销售，占比并不小，达到25%左右。因为现在别墅用地不批，所以武汉目前出现大量这类商业别墅，其销售情况不好说，因为笔者也没有相关经验。

风控保底措施评价：在建项目抵押，为拿这块地融创已经投入了几十亿元。这个地因为在三环边上，并不属于三环内。在目前国家收紧房地产贷款后，笔者预计此地拿不到开发贷，融创才会到信托融资。通常情况下，房地产商会优先申请银行开发贷，因为利息更低一点，此项目正常信托融资额不会超过十亿元。此地在军运村正对面，笔者实地看过离地铁站非常近，土地的价值和流通性还是很不错的，目前南光谷二十分钟到街道口的土地基本已经没有。

相关主责任方的财务情况评价：融创的杠杆在信托三大房地产商中算是最好的，虽然项目很多。可是相较于恒大现在搞汽车，融创还是精于主业，企业状况比较清晰，论排序笔者认为融创优于恒大，恒大优于金茂。

亮点：8 号线已经通车，黄家湖三年前是个荒地，因为京九线切割了它与市区的联系，房价应该不会到 5000 元/平方米。但是军运村定在这里后配套非常完善，环境优美。均价毛坯达到 13000 元/平方米，军运村二手接近 2 万元/平方米。

风险点：黄家湖并不属于成熟市区，住是没有任何问题。但是教育是一个难点，这会影响它的销售，项目的商业别墅并不靠湖，让其销售不可测性又高一点。总的来说保本有余，但是项目总体利润有一定不可测性。个人认为融创的地拿贵了，只能指望黄家湖地区涨价趋势继续，借军运会的东风。

（2）现金回款。有时候一个信托项目资金并不能通过投资项目进行回款，因为资金周期和产品开始周期不一定能够完全重合。而且一个公司产品不可能只有一条线或是一种产品，所以其他产品销售产生的现金流就可能是我们的还款来源。这里依然以房地产为例，此类信托通常会提前结束，因为大型房地产公司通常同时期会有多个项目，也就是每个时间段都有回款，而信托是高息贷款，属于优先还款选项。所以一旦同时期该房地产公司现金流改善，公司会选择提前结束信托项目。

二、借新还旧模式

（1）低息贷款替代。房地产公司的融资渠道多样，但是常规方式还是以银行开发贷为主，但是银行体系受政策影响比较大。所以即使在很多方面满足银行的“432”标准，也未必能拿到贷款，所以会退而求其次选择信托。但是在后续的开发过程中，在中间段房地产公司能够拿到利息低 3%~5%的银行开发贷款，就会毫不犹豫地选择资金替换，这也是为什么很多房地产信托会有一个半年以上才准许提前结束。

（2）新发债。以近几年比较多的棚户区改造项目为例，通常棚改项目的时间具有很大的不确定性，例如某信托在罗湖的棚改项目，在项目到期后因为巨大的兑付压力，以同一个项目重新包装来募集资金，以新进资金归还上一期信托客户资金。在信托领域中借新还旧是常有的事情，最常见的就是基建类信托，超 50%的项目还款都是通过这种方式，循环举债。

三、借鸡吃鸡模式

这种方式借取资金的用途是不明确的，甚至是直接消耗或是个人消费的。这种方式通常指的是补充公司现金流和个人消费贷。这两种方式都没有明确的还款来源，只能通过借款者的综合现金流和抵押物两个方向来判断。

3.6 风险保底措施的评测

做投资一定要牢记几句古训，因为这都是至理名言。“人算不如天算！不怕一万，就怕万一！”“谋事在人，成事在天！”“常在河边走，哪有不湿鞋！”“智者千虑，必有一失！”这些话告诉了我们同一个道理：无论你做了多少研究工作，自认为对信托公司、项目、经济等方面都很了解，但依然有可能发生“万一”，这个时候能为你的投资以防万一的就是“风险保底措施”。

风控的手段千千万万，但是总的大原则无非以下几条：

(1) 合法合规，不存在模糊地带。信托是在信托法规的规定下进行的，所有的合同条款都是经过律师与信托机构反复思考与实践形成的。所以购买信托产品时，一定要一条条读清信托合同条款，因为这是你最重要的保障。在这个过程中不要相信业务人员的解读，也不要相信自己的经验，因为法律是严谨的。任何不清楚的地方都需要让信托工作人员解释清楚。

(2) 保底措施能在最极端情况下发挥作用。既然是以防万一，风控措施必须能在极端情况继续发挥作用。

(3) 绝不可指望信托公司刚兑。刚兑本身就是最大的风险，因为它让投资者失去了所有的选择标准，而信托本身就是高度不透明的行业，更为重要的是历史无数次证明，再大的金融机构，无视金融基本规律也最终会为其买单。

根据上述要求，笔者为大家简单评价一下目前信托产品常见的风控措施。

一、最不可信的风险保底措施——担保

担保是目前信托产品中必见的，依然通过举例说明：

(1) 子母公司之间的担保。这一种在房地产信托中是最常见的，通常是房地产母公司为项目公司进行差额补足担保。

还是上文融创武汉黄家湖项目。该项目实施主体为武汉融璟房地产开发有限公司，系融创中国控股有限公司与境内融创房地产集团有限公司合资成立的项目公司。该项目保证担保方为融创集团。

(2) 关联公司之间互保。这一种方式在基建类信托中比较常见，因为一个地方的城投、城建、城交、城旅的大股东，甚至是唯一股东都是地方国资管理公司。所以通常情况下不同主体之间的发债都是以对方的应收账款为底层资产，自然也要相互担保。

这里举一个某信托公司宁波××政信项目的例子。该项目融资人为宁波市奉化区投资有限公司，大股东为宁波市奉化区国有资产管理中心（持股98.9576%）。宁波市奉化区红胜海塘续建工程开发建设有限公司为担保人，该公司实际控制人同样为宁波市奉化区国有资产管理中心。

该项目信托目的为受让宁波市奉化区投资有限公司持有的对宁波市奉化区锦山河建设投资有限公司的价值人民币 5.5 亿元的应收债权，信托规模为不超过 4 亿元，信托收益为 8.1%~8.3%。

(3) 实控人给公司担保。在一些民营企业进行信托融资时，信托公司会要求实际控制人承担连带担保责任。因为大量的民营企业，尤其是上市公司经常会出现实控人假公济私、掏空公司的做法。这种实控人以个人名义为公司担保在民营企业的信托产品中是很有必要的。

例如，2018—2019 年，姚振华旗下的前海人寿、宝能集团在多家信托公司发行信托计划进行融资时，基本上信托公司都要求其以个人名义对公司项目进行担保。

(4) 地方政信三件套担保。基建类信托在 2018 年以前都叫政信类信托，这是因为过去这类信托都有“三件套”：地方人大的授权函，这意味着有地方最高权力机构的认可，而非某一任领导的个人行为，即使现任调职，下一任也要承认。地方财政局出具的财务预算报告，表明未来信托还款在地方财政计划之内。地方政府或财政局的应收账款，这表明信托的底层资产与地方政府的信用进行捆绑。有了这三件套意味着信托与地方信用进行深度捆绑，这才是信托真正的安全保障，而非地方城投公司。

(5) 非银行金融机构担保。这里面包括证券公司、信托公司、保险公司、融资担保公司及其他形式金融机构。通常情况下证券、信托、保险的担保是比较有价值的，其他金融机构则没有多少效力。这是由于金融机构以信用为生存的根本，同时牌照含金量、公司实力比较有保证。但是不排除极端情况。

2019 年 6 月 1 日，光大证券发布公告称，招商银行对光大资本提起诉讼，要求光大资本对其赔偿诉讼金额约为人民币 34.89 亿元。此前 5 月份，光大证券旗下的光大浸辉、上海浸鑫也对暴风集团及公司 CEO 冯鑫提起了“股权转让纠纷”诉讼，要求赔偿金额7.5亿元。

三大企业卷入两起诉讼的起因要追溯到2016年，彼时以暴风集团与光大证券牵头的财团以52亿元完成对国际体育版权代理巨头MPS65%股权的收购。然而收购完成两年半之后，2018年10月MPS宣布破产。

这意味着52亿元的投资打水漂，其所引发的连锁反应却仍在持续。

涉事三家公司的多份公告还原了事件的来龙去脉。2016年，光大证券旗下子公司光大浸辉联合了暴风集团等设立了浸鑫基金，以产业并购基金的方式，出资52亿元收购英国体育版权公司MPS65%的股权。

浸鑫基金的出资方依次分为优先级、中间级和劣后级，分别出资32亿元、10亿元、10亿元。天眼查信息显示，该基金的股权名单包括14家企业，认缴出资额共52.03亿元，其中出资最多的是招商财富资产管理有限公司，其投入了28亿元，背后的控股股东则是招商银行。

另外，暴风科技（“暴风集团”曾用名）、暴风投资合计认缴出资额为2.01亿元，光大资本、光大浸辉合计认缴出资额为6100万元。

按照原计划，收购完成后，由暴风投资、光大资本同时对MPS进行培育，当条件成熟时，暴风集团及其指定关联方有权优先对MPS进行收购，收购期限为18个月内。

这个资本团之所以能顺利组建起来，还在于《差额补足函》这份协议。协议指明，在浸鑫基金中，优先级合伙人不能实现退出时，由光大资本承担相应的差额补足义务。

也就是说，如果事情顺利发展，MPS被注入暴风集团，由光大资本牵头的浸鑫基金如愿实现投资退出；否则，光大资本会为优先级合伙人兜底，补足差额，而暴风集团也会为光大资本的投资做担保。

然而，短短两年多，MPS经营却陷入困境，走向破产。而暴风集团最终没有对其进行收购，由此产生了前文所述的两起诉讼，涉及赔偿金额总和42.39亿元。①

在这个案例中我们可以看到，招商银行之所以会投巨资参与这项收购是因为光大证券下辖子公司光大资本出具了《差额补足函》也就是担保，而光大资本愿意参与同样是暴风影音出具的担保。可是最后的结果是担保链断裂，光大资本不愿意背这35亿元的损失。形成了一种相互推诿、诉讼拖时间、谈判

① 《索赔35亿　招行怒告光大证券子公司海外投资踩大雷》，《中国基金报》2019年6月1日。

的乱局。所以说，再大的招牌，在巨大的利益面前，赚钱时都好说，亏钱时同样是一地鸡毛。

(6) 银行担保。金融机构中银行是信用度最高的，所以通常情况下如果一个公司能够拿到银行的还款担保函，我们会认为其基本是无风险的。可是现实却不是这样，甚至这种案例并不止一次出现。

其中最著名的案例就是一年多前的侨兴债“假保函”窝案。①

2017 年 12 月，原银监会公布的一系列重磅罚单，再次将侨兴债与广发行萝卜章一事，暴露在舆论之下。事涉 21 家银行业金融机构和 56 名从业人员，罚没金额逾 20 亿元，这场“窝案”成为原银监会重力整顿金融同业业务、影子银行风险的标志性事件。

缘起 2016 年末，在招财宝平台爆发的“侨兴债”违约事件，在偿付纠纷中牵扯出广发银行惠州分行担保函“萝卜章”一案。招财宝上 11 亿元本息的窟窿被浙商财险先行兑付后，该案又牵扯出了更多金融机构：10 多家金融机构拿着兜底保函等协议，先后向广发银行询问并主张债权。由此暴露出广发银行惠州分行员工与侨兴集团人员内外勾结、私刻公章、违规担保案件。

根据原银监会公布数据，涉案总金额约 120 亿元，其中银行业金融机构约 100 亿元，主要用于掩盖广发行惠州分行的巨额不良资产和经营损失。

2017 年 12 月份，原银监会就此次案件对广发银行总行及惠州分行处以 7.22 亿元的罚款，创下近年来金融机构最高罚单；对邮储银行、兴业银行两家分行等 13 家出资机构共计罚没 13.41 亿元；对 7 家担任通道的城商行和信托公司共罚款 515 万元，合计逾 20 亿元的罚款。

相对于银行担保，标准担保则是一种连带责任不可撤销、差额补齐的担保。银行担保往往是在两家独立法人公司主体的信托合同之中，标准担保则往往是关键公司，或是母公司为项目子公司提供担保。从实际的效力上来说，并不存在本质区别。

担保的形式多种多样，如何去理解担保呢？这里投资者有一个误区，认为担保是一种贷后风控手段，是指项目出现违约之后追回本息的一种路径！这是大错特错的，实际上担保更多的是一种贷前风控手段，一旦一个项目进入实质性违约后，担保的作用是充满不确定性的，甚至在绝大多数时候是没

① 《侨兴债“假保函”窝案廓清：20 余家牵涉机构遭重罚后》，《财经杂志》2018 年 1 月 10 日。

有用的。

因为一旦项目出现实质性违约，担保方的信用也会跟着一起破产，这也意味着担保方一定会在项目出现违约前想办法进入并解决。可是在现实中绝大多数项目违约后，担保方也会无能为力。所以项目违约后，我们最大的依靠就是抵押物的处理。

二、最常见抵押物——土地

因为信托贷款额度一般非常高，所以土地抵押就成了最常见的抵押物，虽然每一块土地的抵押都有评估公司的估值。但是笔者对中国的财务审计、估值评估公司的报告持严重不信任态度。更加重要的是我们的本金只有一份，并没有什么犯错空间。对于土地价值的评估我个人有一套实际的思维，以供大家参考。

（1）除一二线及部分东部强三线城市，其余城市，尤其是所谓的“百强县”的土地抵押价值直接归类为 0，没有任何价值。过去一年大量的基建类信托违约，虽然最后陆续得到解决，但是真正起作用的并不是抵押土地，而是地方出具“还款承诺函”，通过财政资金或发新债来解决。

（2）只认可普通居民住宅用地，因为普通居民住宅用地是目前土地中流通率最高的类型。要知道一块土地的货值必然是以亿为计量单位，也就是说它的买家范围是非常有限的。只有房地产市场比较有保障的城市才有可能在比较短的时间内找到接盘者，在这种情况下投资者才有可能全身而退。

（3）商业用地视情况而定，只认强一二线城市 CBD 用地，而且必须折上折。目前国内商业地产表现持续走低，这造成商业用地更加难以变现的现实，所以通常情况下笔者不认可商业用地或商业地产为抵押物的项目。但是这也不是绝对的，如果是强一二线城市 CBD 级别的地段还是可以考虑。但需要提醒的是这种抵押地块本身在估值上是有一定的水分的，考虑到流通性环节，所以建议在评估公司的估价上再打个 7 折比较合理。

提到土地就需要说明一下如何看待土地评估价值的问题，在这一方面信托公司和贷款者当然都是希望评估的价值越高越好，因为这可以让信托产品在风控上显得更加完美，而评估机构的眼中老板明显是信托公司，所有信托抵押物方面一直存在高估问题。正常情况下普通居民住宅用地我们可以接受的折价率为 6 折，商业用地是 5 折，但是以实际个人的经验笔者认为普通居民住宅用地要在评估价值的基础上再打一个 8 折，商业用地要再打一个 5 折，当然这个数值并不是绝对的，可以根据所在城市和地段进行一定的浮动。

商业用地的流通性和估值的水分同样可以根据实际情况进行估算，2019 年 7 月信托公司相继被约谈，开始收窄房地产公司的融资渠道。之后就陆续传出：恒大内部会议全员销售，普通居民住宅可以打 9 折，商业可以打 8 折。并且在一些三方财富公司销售渠道中，某前五的地产商给出旗下某商业地产 15%的销售提成。这些都能从侧面反映出目前商业地产总体滞销的现实，而且这种情况会越来越严重。在面包滞销的情况下，面粉自然也就不值钱了，而且土地这种以亿元为单位的商品，在前景不佳时基本没有流动性。

三、最硬通货——普通居民住宅

个人在金融机构进行大额贷款，只有通过房地产抵押才可能拿到钱，这是因为个人普通居民住宅是硬通货，具备保值、流通性佳等优点。同样这类资产在进行信托贷款时，也是最优质的抵押物，这个比土地更优的地方在于易处理，可以化整为零、快速消化。而且在折算抵押率时，我们可以直接通过查询二手房市场成交均价得出大概的价值范围。

但是这类抵押物在实际操作上的问题也是有的，因为太过于易流通，容易被贷款者多次抵押，甚至是偷梁换柱。第二点是法律纠纷多，在面对个人的房抵贷信托产品时，很多人虽抵押房地产，最后无法还贷，但是并不愿意房地产被折价收走。

2018 年发生的典型案例为重庆典雅房地产破产。①

随着典雅地产的“倒下”，无数家受牵连的企业浮出水面，其中包括 14 家银行、10 家小贷公司、5 家信托公司、13 家投资（商贸）公司、多个自然人，以及数百个材料（工程）类的公司。中诚信托就是其中之一。

中诚信托于 2014 年向典雅地产发放 3 亿元贷款，典雅地产以名下资产设定抵押权，作为向中诚信托履行债务的担保。伴随着该项贷款的逾期，中诚信托向法院申请强制执行，但这一诉求的实现却因一名自然人而出了些“小意外”，近期，才又有了新的动向。随着最高人民法院二审民事判决书的下达，该案件也尘埃落定。

中诚信托因与典雅地产等相关人士的诉讼纠纷还得从一笔贷款说起。

2014 年 2 月 11 日，典雅地产与中诚信托签订（2014）抵押第 02111100364 号《重庆市房地产抵押合同》，约定：典雅地产以其名下位于重

① 《重庆本土老牌房企典雅地产倒下后　中诚信托受牵连讨债难》，重庆房地产网-房掌柜 2019 年 3 月 11 日。

庆市巴南区云锦路2号的282套住宅和负1~21车库设定抵押权，作为向中诚信托履行债务的担保，贷款金额3亿元。

后因典雅地产未按约向中诚信托公司归还到期借款，中诚信托向一审法院申请对典雅地产及保证人张谊生、张鑫强制执行。

一审法院于2015年11月27日作出执行裁定，查封了（2014）抵押第02111100364号《重庆市房地产抵押合同》项下的抵押财产。

而张谊生、张鑫正是典雅地产的第一大股东和第二大股东。启信宝显示，张谊生为该企业法定代表人和第一大股东，实缴出资1.32亿元。张鑫为典雅地产第二大股东，实缴出资4000万元。

但是该案件涉及一名自然人田某，该自然人已实际占有、使用该房屋和车位。

2013年10月19日，典雅地产与田某签订《产权置换补偿协议》，主要约定：典雅地产收购自然人位于巴南区花溪新村19号3单元6-1号房屋，提供重庆市巴南区云锦路2号典雅依山郡9号楼3单元5-2号房屋给该田某进行产权置换安置。

当一审法院查封了中诚信托和典雅地产签订合同中涉及的抵押财产时，田某向一审法院提出执行异议，主张重庆市巴南区云锦路2号典雅依山郡9号楼3单元5-2室房屋和负1-21车库359号车位系其与典雅地产置换所得，并已实际占有、使用该房屋和车位，请求解除对该房屋和车位的查封。

一审法院于2016年12月20日作出裁定，中止对重庆市巴南区云锦路2号典雅依山郡9号楼3单元5-2室房屋和负1-21车库359号车位的执行。

中诚信托因与典雅地产等相关人士申请执行人执行异议之诉纠纷一案，不服重庆市高级人民法院判决，向最高人民法院提起上诉。

最高人民法院二审后认为，中诚信托关于应对案涉房屋及车位准予执行的诉讼主张不能成立。田某对案涉房屋及车位享有的民事权益足以排除中诚信托的强制执行。

至此，法院判决中诚信托的上诉请求缺乏事实和法律依据，驳回上诉，维持原判。

在这个案例中，信托公司有极为明显的管理责任，放贷前并没有对房屋产权情况进行详细调查，造成了贷后抵押物无处置权的情况。

可以说中国目前金融体系与房地产是深度捆绑，抵押体系则基本是建在房地产之上，房屋目前确实是市场上最常见的硬通货。

四、最难判断价值抵押物——纯信用

在个人消费类信托中，借款者大多是纯信用贷款，因为是小额消费，人数众多，让贷款者办理房地产抵押之类手续是不现实的。这时可以控制风险的手段有两方面：(1) 绝对的分散，因为每个人信用违约都是有成本的，理论上拿到手的钱明显要低于违约成本时，贷款者都不会选择违约。(2) 针对推荐机构的选择与风控措施。因为数量众多的贷款者都是由某一家机构所推荐，例如，某一家信托公司推出了几款消费贷类型产品：分别有针对万达 VIP 客户消费、买单侠，这时我们需要考虑的就是万达品牌下的这家运作公司和买单侠运营平台××信息公司提供的客户质量了。同时信托公司为了保证自己资金安全，通常会跟相关平台签订一个“夹层”协议，做一个风险隔离，这都是我们需要考虑的核心范畴。当然这类产品有一个取巧的方法，直接去体验一下相关平台的这类型服务即可。

值得注意的是，我在给某家信托公司写评测时，发现了买单侠的问题：

据了解，买单侠运营主体为上海秦苍信息科技有限公司。官网显示，买单侠团队成员分别来自于红杉资本、微软、谷歌、Autodesk、硅谷顶级投资机构以及国内顶尖银行。创始团队成员分别毕业于斯坦福、清华、南京大学、复旦、交大等知名学府。

有用户在第三方投诉平台聚投诉上指出，买单侠业务员各地进行欺诈，对客户群体说零元购机，帮忙填资料表，实则诱导客户群体进行分期购买手机，还是高利息分期。除此之外，买单侠还存在暴力催收，骚扰、辱骂、恐吓客户亲属朋友，伪造法院传单，泄漏客户资料给他人。甚至还有用户讲到，买单侠对借款人 P 图进行侮辱，严重影响借款人与借款人亲友生活。

“不可否认，现金贷能够解消费者燃眉之急。然而，其中滋生的乱象也不容忽视，尤其遭人诟病的是现金贷暗藏畸高利率。”某持牌消费金融公司内部人士表示，虽说有些放贷机构宣称低利息甚至零利息，可名目繁多的服务费、运营费、逾期费、滞纳金等折算下来，利率水平往往可达 400%甚至 600%。此外，粗放经营模式下坏账率居高不下，对借款人突破法律底线的暴力催收，都搅扰着正常的金融秩序，给社会安定造成了不良影响。

其实笔者并不感到意外，不这样，该如何与支付宝借呗、微信微粒贷、15 家拥有消费金融牌照的企业展开竞争呢？

从信托公司的业务方面来说，笔者也并不看好其开展现金贷业务。也许是因为迫于业绩的压力，但是风险实在太大。

五、最可笑的抵押物——股权质押

在2016年以前信托行业兴起一波上市公司股权质押信托的风潮，这股风潮在2018年让投资者付出了极为惨重的损失，多家上市公司信托借款违约，而且投资者本息追回基本无希望。因为以股权为抵押物表面上看，股权流通性好，可以持续要求增加质押，但是忽视了股票价格是根据上市公司的经营状况变化的，而通过信托借高息贷，本身对于一家企业而言是非常不好的一个信号。

抵押物担当的是在极端情况下发挥为投资者兜底的角色，所以我们的思维角度就是已经发生了最坏情况。具体的案例前文已经有过列举，参照前文即可。

信托本身是高息贷，除开房地产行业的暴利运作模式，地方城投不赚钱但又隐藏信用带来的超强借新还旧能力以外，任何公司通过信托进行融资本身都是一个不太好的信号。从一个股票投资者的角度，如果一家行业利润比较低的上市公司借信托，那么我会第一时间卖掉这家公司的股票。同样的道理，一旦上市公司借高息信托，并出现债务违约情况，股票价格必然连续跌停，甚至是变ST直至退市。这个时候手中的质押品股票将一文不值，并失去流动性。

六、非常规抵押物举例分析

非常规抵押物举例：某信托公司矿产能源信托。

资金运用：用于收购哈密市坤铭矿业有限责任公司67%股权，收购坤铭矿业2亿元的债权以及向坤铭矿业发放0.3亿元的信托贷款。

担保措施中包括：就信托计划持有的对坤铭矿业的债权，以坤铭矿业的采矿权提供抵押担保等，即该信托计划的抵押物就包括了采矿权。

当然，这类抵押物还包括了各种收费权、比如高速公路收费权、物业收费权、景区收费权等，而这些收费权最大的问题在于估值和变现困难。

有经验的信托投资者往往会跳开信托公司的品牌这种比较虚的内容，而把重点放在实实在在的抵押物的分析上。这一点是非常有道理的，就算是在笔者的信托挑选体系里，抵押物的重要性也仅仅次于还款来源的分析。原因是这个世界上只有实现共赢，一门生意才可持续，即使抵押物再完美，当现实情况损害了某一方的极限利益时，你也无法预料会发生何种情况。在借款者信用破产之后，发生过太多有完美抵押物，却最终无法保障权益的案例。

金融从根本上来讲顺则双赢，败则双输，信托通过高息的方式赚取息差，让其碰到双输的概率本身就更大一点。借贷双方在信用破产之后，会成为敌人，有太多的不可测因素。所以风控措施固然极为重要，但是只能成为我们投资选择中的一个角度，而不是单一决定因素。

3.7 责任主体的财务数据分析

会计是经济的语言，是金钱给我们的自我介绍，读不懂一份财务报表，那么你的投资基本上就是靠运气。可是就算你是一位资深注册会计师，也未必能通过一份财务数据就做出正确的决定。接下来我会分两方面从实战角度简单介绍一下自己的看法与策略。

一、中国公司财务数据真实性值得怀疑

相信大家都听过一句话：只有懒女人，没有丑女人。这是因为只要用心打扮，通过化妆就可以美化个人形象，使其远离“丑”。这句话同样适用于国内公司的财务数据上，我常常跟人打一个比方，一家公司的财务报表就像一张脸，只要用“心”，千变万化！在国内上到地方 GDP 统计虚高，甚至个别地方政府造假。下到各种公司财务数据造假，对于财务数据的真实性个人严重怀疑。

和信托投资相关的企业财务数据主体包括：上市公司财务数据，地方融资平台财务数据，地方财政数据。

(1) 上市公司财务数据造假案例：康美药业、康得新等。

例 1：陷入年报造假丑闻的康美药业（沪：600518）回覆上交所问询函，承认公司治理、内部控制存在重大缺陷，存在使用不实单据和业务凭证造成货币资金及收入成本等项目核算未如实反映款项收付的情况。公告称，公司未能真实反映货币资金情况，截至 2017 年 12 月 31 日多计货币资金为 299.4 亿元人民币。

例 2：“双康”兄弟之一的康得新（002450），在 7 月 5 日晚间彻底引爆，可能要被强制退市了。

不仅仅是账上 122 亿现金消失不见，更严重的是近四年实际净利润为负，虚增利润 119 亿！曾经的白马股，一夜之间彻底崩塌。

7 月 5 日，在新闻发布会上，证监会对 * ST 康得进行了处罚及禁入告知，内容触目惊心：4 年内虚增利润 119 亿元。

随后深交所发布称，如证监会对 * ST 康得作出最终行政处罚决定，深交所将第一时间启动公司重大违法强制退市流程。

以上是2019年发生的最新案例，像这种情况彼彼皆是。目前国内财务审计数据造假成风，上市公司则成为重灾区。所以关于上市公司的财务数据，不可完全信任。

（2）地方融资平台财务数据。地方城投公司基本上都不是上市公司，单一股东，信息不透明度极高。所以地方平台的财务数据造假情况可能是全国责任主体公司中最高的，近几年多家地方城投类公司被信用机构降级，例如辽宁城投平台集中被调降级。①

（3）地方财务数据造假。我国地方GDP统计一直存在着地方统计数据与中央统计之间存在较大差距，地方在数值上要明显大于、优于中央统计数据，并且从2018年至今多地陆续承认GDP数据造假问题。自2017年1月份辽宁首度承认数据注水之后，2018年1月，北方又有两个地区自曝家丑。

据新华社消息，2018年1月3日，先是内蒙古带头披露，该区2016年规模以上工业增加值有4成是假的，需要减去2900亿元的数值。相应的，2016年地方GDP也要因此砍掉一大块。8天后，天津市滨海新区蹦出来说，滨海新区2016年GDP也没有此前公布的一万亿元那么多，实际数大概只有6654亿元，缩水约1/3。②

多年来，不少地方GDP注水早已是“传说”中的秘密。它就像皇帝的新衣，人们都怀疑它有问题，但真正能揭穿它的，最权威的还是当事人自己。现在新年伊始就出来这些个重磅“真心话”，还真让人不太适应。其实，这反映出一个被很多人忽视的残酷真相：在中国GDP总量飙升至80万亿元的关口上，我们的地方政府缺钱，实在缺钱！

在投资基建类信托时，尽调首先讲解就是这个地方的经济状况，在读取相关数据时我们需要心知肚明。数据的真实性是存在一些问题的可能性的，我们需要保持独立思考。

中国财务数据造假问题严重的原因：

（1）造假成本太低，获利却太高。这里我们可以看到康得新财务数据造假中，证监会新闻发言人常德鹏通报称，康得新所涉的信息披露违法行为，持续时间长，涉案金额巨大，手段极其恶劣，违法情节特别严重，证监会已经向

① 《辽宁数据造假后遗症显现，七家城投集体降级》，《华夏时报》2017年7月16日。

② 《多地政府自曝GDP造假，一场大戏才刚刚上演》，《中国经营报》2018年1月18日。

涉案当事人送达行政处罚及市场禁入的事先告知书，拟对康得新及主要责任人员在我国《证券法》规定的范围内顶格处罚，并采取终身市场禁入措施。这里的顶格处罚，罚款只不过是 50 万元。这个金额相较于他们利用数据造假获取的收益如九牛之一毛。

通过以上的案例分析我们不难发现，虽然我们可以通过信托的尽调报告看到相关责任主体的财务数据，但是相关真实性是不可信的。如果我们的投资单纯以财务数据为根据，这无疑是非常危险的。

二、个人能力圈边界无法完全吃透所有项目财务报表

隔行如隔山，用美国著名投资家芒格的话来概括：投资者一定要守住自己的能力圈。每个人的能力范围是非常有限的，而一家上市公司或是地方融资平台的财务数据纷繁复杂，要抽丝剥茧看到每一个问题，这是非常之人才有的能力范畴。

在面对上述两个问题时的策略：

1. 信托高息贷的根本属性决定了以下几个基本财务结论

（1）高杠杆。当一家公司开始通过信托公司筹集资金时，这本身就是一个危险信号，因为信托属于银行之外的第二选择，利息要比银行高得多。所以当一家公司通过信托筹集资金时，我们就可以断定这家公司的杠杆率已经到了非常高的地步。如果相关财务报表没有体现这一点，则说明此财务数据是有问题的。

（2）现金流危机。任何一家公司在有选择的前提下肯定是优先通过银行借款来解决流动性问题的，而通过信托的高息贷款解决资金流动问题，就说明这家公司的现金流状况并不理想，如果这一点在财务报表中没有得到体现这本身就很说明问题。

（3）债务失控。同样的道理，当一家公司处于高杠杆状态，现金流出现问题时，我们就需要思考这家公司是否会债务失控。我们读相关公司财务报表时，最重要的就是判断这个问题。

[案例分析] 南京建工百亿信托违约前后蛛丝马迹!

2018 年末南京地区多家大型民营企业相继爆发债务违约潮，其中丰盛集团也走上了“违约路”，12.8 亿元的债务违约迅速引发市场关注。

不过，就在发布违约公告后的第三天，该公司就在当地政府介入协调帮助下还清了所有逾期借款。目前已更名为南京建工产业集团的丰盛集团

并未因改名而走出困境。

近日有媒体关注到，南京建工集团、南京东部路桥工程有限公司向长安国际信托股份有限公司累计申请信托贷款28.5亿元，目前已经逾期。

上市公司南京高科公告披露，公司根据上海证券交易所转发的《中国结算上海分公司股权司法冻结及司法划转通知》（2019司冻0318-01号）等文件，公告了公司控股股东南京新港开发总公司持有的本公司249030500股无限售流通股被陕西省高级人民法院司法冻结。

据公开信息显示，南京建工前身丰盛集团是南京市民营企业，主要业务为建筑及物资贸易，其前实际掌托人是内地企业家季昌群，其弟季昌荣去年4月取代季昌群，成为丰盛集团及南京新盟股东，现为丰盛控股主席。另外，独立股评人 David Webb 曾公布“谜网股2.0”中，丰盛控股及卓尔智联都在榜上；而丰盛第二大股东中国华融持股比例也接近一成。

2015年，华融对丰盛进行了两笔投资，用11.99亿港元换取了丰盛14.09亿股，2016年9月，华融以每股3.715港元认购丰盛5.4亿股，豪掷20亿港元。

在此之后，丰盛掀起了并购风暴，2015年底，丰盛收购卓尔发展的股票。2016年，丰盛持续进行项目买卖，并开始涉及一些其他业务，如软件开发、医疗器械贸易和绿色建筑服务，而所收购的土地项目亦不再限于国内，如昆士兰州 Bloomsbury。

除此之外，丰盛开始加速收购其他上市公司，先以现金加股票的方式认购了衍生集团（6893.HK）约23.8%的股票，之后丰盛再收购实力建业（0519.HK）约22.309%的股票，其后就是以全发股票的方式来收购高速传动（0658.HK），完成了从房地产到新能源产业的转型。

这其中，丰盛控股与卓尔集团的交叉持股，互做利润最具有代表性。2016年，两家主营业务为房地产的公司，主要盈利都来自股权投资。2017年，丰盛控股遭著名沽空机构格劳克斯做空，直指季昌群操纵股价，其中也包括了卓尔集团。与二者有关联的股票也纷纷下跌。

就在去年的12月，联合信用已下调了南京建工产业集团主体及债券信用等级至A。联合信用关注到，南京建工产业集团多期债券均于2019年到达回售行权期，公司短期偿付压力大；公司偿债计划方面，公司未提供相关进展情况或明确偿债来源。

此外，公司涉及融资租赁合同纠纷一案，于2019年1月22日开始执行。目前，具体的银行存款和股权冻结情况尚不明确。联合信用决定将南京建工产业集团主体长期信用等级由“AA-”下调至“A”，评级展望为“负面”，将“16丰盛01”“16丰盛02”“16丰盛03”“16丰盛04”和“18丰盛01”的债项信用等级由“AA-”下调至“A”。

截至目前，公司存续债券金额合计为85亿元，2019年内可行权回售及到期的债券金额合计为80亿元。而陆续到期债务的融资主体主要为：南京丰盛集团及旗下子公司南京建工集团、南京东部路桥工程有限公司、南京兴智建设投资有限公司、南京江北新能源开发管理有限公司等。

其中：

长安信托12.5亿元，2019年3月到期；长安信托16亿元，2019年6月到期。

上海信托10亿元，2019年6月到期；四川信托6亿元，2019年6月到期。

中融信托10亿元，2019年6月到期；中建投信托4亿元，2019年10月到期。

平安信托17.92亿元，2019年6月到期；平安信托11亿元，2019年6月到期。

光大信托1.228亿元，2020年4月到期；中信信托20亿元，2020年8月到期。

除了到期的债务，丰盛一共还有11支债券在存续期共计85亿元，而丰盛集团对金融机构借款可能远不止于此（见图3.1）。

2018年1月，深圳方正东亚资本管理有限公司曾为丰盛集团子公司南京建工成立了一款名为“鹏信5号南京建工私募投资基金”的产品，该项目规模3亿元，期限24个月，资金用途为“通过单一信托向南京建工发放信托贷款，补充流动资金”。该项目风控措施之一是“南京市政府平台公司13.85亿元应收账款回款监管”。

2017年12月，丰盛集团曾与陕国投签署了“陕国投·共享6号财产权信托之信托合同”，约定以丰盛集团对15家公司的应收账款债权设立“特定目的信托”，转让的财产价值总计5.555亿元。西部信托则受让了南京建工两笔共计10亿元的应收账款，并成立了一款名为“汇置10号集合资金信托计划”的项目。

此外，四川信托与丰盛集团关系密切，2017年6月3日川信公号发布的一条推送，2017年5月24日，季昌群曾“率丰盛集团、众邦金控、众邦银行等机构领导一行莅临四川信托交流座谈”，座谈会后，四川信托

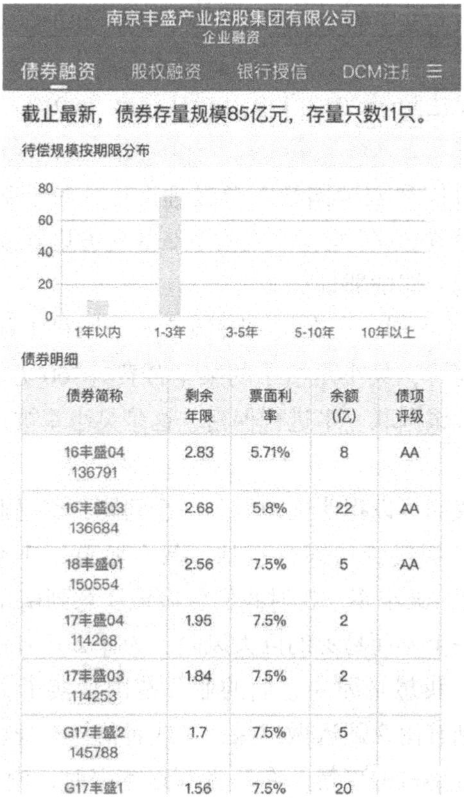

债券简称	剩余年限	票面利率	余额(亿)	债项评级
16丰盛04 136791	2.83	5.71%	8	AA
16丰盛03 136684	2.68	5.8%	22	AA
18丰盛01 150554	2.56	7.5%	5	AA
17丰盛04 114268	1.95	7.5%	2	
17丰盛03 114253	1.84	7.5%	2	
G17丰盛2 145788	1.7	7.5%	5	
G17丰盛1	1.56	7.5%	20	

图 3.1　南京丰盛产业控股集团有限公司融资情况

和丰盛集团还签署了战略合作协议。

不仅如此，季昌群有着强大的人脉关系，站在丰盛控股背后支持的很多是南京城的大佬，包括苏宁环球、苏宁云商、南京金箔集团有限责任公司、国储悦孚能源集团等。

不过需要注意的是，长安信托的 28.5 亿元才只是开始，后续将有大批信托产品到期，能否如期兑付让我们拭目以待。

资料来源：《南京建工再爆违约　8 家机构踩雷长安信托 28.5 亿悬了》，新浪财经，2019 年 3 月 21 日。

南京建工危机爆发后，根据媒体的报道自然会发现问题非常大，可是问题在于为什么这么多家信托公司都愿意借钱给它，这里面包括中信、平安这两家信托前三甲公司。难道在投资这个项目前，我们不能够提前发现吗？

实际上这个项目是非常容易规避的，因为在几年前南京建工曾经发生过一起与之相关的案件。

江苏省高级人民法院于 2017 年 9 月 6 日作出（2017）苏刑终 29 号刑事裁定书。

农业银行下属机构“农银国联”总经理，正处级干部吴小军，帮助公司客户南京丰盛集团融资 30 亿元，个人收取 2.3 亿元财顾费，这是吴小军被认定为非法经营同类营业罪的罪证。

因 30 亿元融资业务中，金融机构宏源汇智公司员工胡某在本次交易中推荐了资金方重庆农商行，吴小军给予胡某辛苦费（700 万元），同时要求其对该项目实际来源为农银国联一事进行保密，这是吴小军被认定向非国家工作人员行贿的罪证。

从这个案子中我们可以很明确地看到一个问题，就是此时的南京建工就已经非常缺钱，不惜一切代价从银行贷款，甚至愿意给本金之外的 7 个多点，2.3 亿元作为好处费给吴小军。这时我们就应该注意到南京建工这家公司财务状况的风险。这是一个显而易见的巨大风险，为什么还有这么多信托公司敢借钱给南京建工集团，我想是因为它们的业务范围承接了大量的 PPP 类工程，也许长安信托是看到有南京新港做担保，又或者信托本身就是高息贷，在刀尖上起舞自然是再正常不过的事情。在笔者写这本书时，南京建工的问题爆发，但是最后会不会得到解决不得而知。

2. 重财务趋势分析，轻绝对值比较

很多投资者在看财务报表时，注重的是绝对值的大小比较，客观地讲，绝对值当然越大越好，例如，净资产、主营收入、现金流等。但是这并不是我们读财务的重点，相较而言我们应该更重趋势，而非绝对值。因为在资金整体偏紧这个前提下，我们可以知道上一年的收入无论是多少，其实都已经处于不够用的状态。而我们需要判断的是来年财务状况，尤其是现金流状况是否可以得到改善。

[案例分析] 房地产三强近几年的财务指标比较

2019 年 7 月 22 日，《财富》杂志发布了最新的“世界 500 强”排行榜，恒大以 704.8 亿美元的营业收入位列第 138 名，较 2018 年上升 92 位，较 2016 年上升 358 位，排名随后的中国房地产企业依次为碧桂园、绿地、保利、万科、万达。

耀眼的成绩单：规模突飞猛进

恒大成立于1996年，在房地产行业中属于后起之秀，发展晚于TOP3之列的万科和碧桂园。近10年发展迅猛：2016年首次跻身世界500强，2019年跃至500强第138位，为中国房地产企业排名之首。

2010年至2018年营业收入增长近9倍，其中2014年至2018年增长约3倍，而在同一时段，同样走快速攻城略地路线的碧桂园增长了3.5倍，而成立最早且一直走稳路子的万科只增长了约1倍。

表3.5 **2014—2018年恒大、万科、碧桂园营收比较**

企业	2018年	2017年	2016年	2015年	2014年
恒大	4661.96亿元	3110.22亿元	2114.44亿元	1331.30亿元	1113.98亿元
万科	2977亿元	2429亿元	2405亿元	1955亿元	1464亿元
碧桂园	3790.79亿元	2269.00亿元	1530.87亿元	1132.23亿元	845.49亿元

恒大2018年业绩相当耀眼，营收仍是行业No.1，这已经是恒大自2017年来第二次夺魁，盈利成绩也很炫目：剔除汇兑损益的净利润为人民722.1亿元，同比增长106.4%，剔除汇兑损益的净利率为15.5%，同比上升4.2%，成为实打实的“利润之王”，2018年成为过往业绩之最。同时，净资产增加至3086.3亿元，较同比增长27.4%，营收、利润、资产规模都在大规模扩大，规模化效应渐趋明显。

尽管2019年半年报未出，但是销售数据已通报：前6个月实现销售金额2818亿元，同比下降7.4%。由于2018年较2017年已扩张一倍，基数大，因此销售金额同比有下降，实际上比较平稳。

近一两年，在国内GDP增速创新低、广义货币M2增速放缓、贸易战等内忧外患的经济大环境下，房地产行业风向早已转变，限购、限贷，提高按揭利率，棚改变旧改，严控融资渠道，一系列政策措施让房地产企业裹紧被子抵御寒冬，房子不好卖了是客观现实。基于此，恒大很早就实施了全员营销策略，甚至打折销售，今年3月就曾开展过大规模促销：所有住宅（含公寓及写字楼）打9折，商铺8折。这样的举措，是为保行业销售龙头地位，更是为了加速回收现金。

房企们纷纷寻求转型，去地产化不再是口号，恒大则在新能源、文旅行业进行探索，为此近几年支付了大量的现金。然而，新行业能够为企业贡献多少收入和利润还有待时间见证。

负债：大扩张伴随而来的高负债

在过去10年房地产行业发展的黄金时代里，城镇化、棚改、货币宽松、民众预期等因素则是行业助燃剂。借上行业的东风，恒大发展迅猛，成立短短20年就跻身世界五百强之列。中国房地产业的造富神话，让其他行业远远望尘莫及。

作为资金密集型行业，大扩张往往伴随高负债，2018年末恒大资产负债率83.58%，远高于财务管理建议的70%警戒线，但恒大的这个负债比率却并非全行业最高，因为高利润空间让中国所有房企都加以高杠杆运营，行业龙头恒万碧资产负债率都在80%之上。

表3.6中，万科和碧桂园的资产负债率近5年都呈增长趋势，恒大相反比2017年降低约3%，2018年末恒大83.584%的资产负债率均低于万科的84.59%和碧桂园的89.3959%。

表3.6　**2014—2018年恒大、万科、碧桂园资产负债率比较**

企业	2018年	2017年	2016年	2015年	2014年
恒大（%）	83.5840	86.2519	85.7475	81.2239	76.3147
万科（%）	84.59	83.98	80.54	77.70	77.20
碧桂园（%）	89.3595	88.8906	86.2037	75.3174	76.7034

但早在5年前的2014年，恒大、万科、碧桂园三家资产负债率都还处在7字头，现在则清一色8字头，而碧桂园则向9字头逼近了，前几年市场上一度还出现过碧桂园债务危机传闻，其实传闻也并非空穴来风。

经过10年的高速发展，房企们早就预测到行业发展瓶颈将至，万科在2012年就说房地产黄金时代已过去，白银时代将至，恒大也于2017年初表示发展模式将由以往高负债、高杠杆、高周转、低成本的“三高一低”向低负债、低杠杆、低成本、高周转的“三低一高”转变。

然而，船小好调头，大了就没那么容易了。既想维持营业规模，又想降低负债，在高负债基数的前提下，降低负债率就不是一天两天就可以完成的事了。

融资收窄：还债高峰，现金流紧张

尽管高杠杆能为房企们撬来更多财富，但是高杠杆运营对其资金管理水平也是一种极大的考验，有业务稍衔接不畅或出现外部不利因素就有可能出现流动性风险，在现如今市场大变天、房地产行业融资渠道收紧的情况下更甚。

表 3.7　　**2014—2018 年恒大、万科、碧桂园流动比率比较**

企业	2018 年	2017 年	2016 年	2015 年	2014 年
恒大	1.3590	1.4038	1.5185	1.3409	1.4303
万科	1.15	1.20	1.24	1.30	1.34
碧桂园	1.1479	1.1278	1.1962	1.3493	1.2298

近 3 年恒大的流动比率有走弱趋势，但 2018 年末期数据仍然优于万科和碧桂园，如果仅仅从指标数据上看，恒大短期偿债能力优于碧桂园和万科，但是现金流量却又是另外一番表象。

表 3.8　　**2014—2018 年恒大、万科、碧桂园现金流量比较**

企业	指标	2018 年	2017 年	2016 年	2015 年	2014 年
恒大	经营净流量	547.49 亿元	-1509.73 亿元	-586.10 亿元	-237.49 亿元	-454.85 亿元
	投资净流量	-603.63 亿元	-474.82 亿元	-1195.59 亿元	-125.53 亿元	-123.91 亿元
	融资净流量	-176.51 亿元	1529.13 亿元	2730.79 亿元	1094.46 亿元	475.98 亿元
	净流量	-232.65 亿元	-455.42 亿元	949.10 亿元	731.44 亿元	-102.77 亿元
万科	经营净流量	-0.34 亿元	-104.4 亿元	-30.24 亿元	8.434 亿元	10.49 亿元
	投资净流量	-28.44 亿元	-46.04 亿元	-15.52 亿元	-3.778 亿元	-4.589 亿元
	融资净流量	58.66 亿元	213.6 亿元	120.6 亿元	-3.533 亿元	15.74 亿元
	净流量	29.32 亿元	63.03 亿元	74.95 亿元	1.170 亿元	21.63 亿元
碧桂园	经营净流量	293.81 亿元	240.84 亿元	412.63 亿元	-175.90 亿元	-43.32 亿元
	投资净流量	-122.69 亿元	-443.85 亿元	-204.57 亿元	-66.66 亿元	-46.87 亿元
	融资净流量	738.32 亿元	728.22 亿元	274.54 亿元	416.70 亿元	89.13 亿元
	净流量	909.44 亿元	525.21 亿元	482.60 亿元	174.14 亿元	-1.06 亿元

Top3 房企的现金流量格局迥异：万科平稳，各项数据较均衡，碧桂园在现金周转和融资上发力，恒大同样在现金周转上发力，但是其投资支出也增多，投资格局以新能源汽车为代表，而融资额度却在变窄。

与万科和碧桂园相比，尽管恒大的资产负债表和利润表都十分亮眼，资产结构和盈利能力均属行业优秀水平，但现金流量表现却逊色许多：现金净流量近两年均为负数，显示为净流出，企业对现金流量控制能力有待加强；经营性现金流量近 5 年来首次由负转正，说明其在现金周转、回款进度上都下了大工夫，而融资净流量却恰恰相反，5 年来首次由负转正，最大影响因素是 2018 年新增借款 3602.7 亿元，同比降低 25%，而同期却偿还借款 4480.6 亿元，同比却增加 32%。贷款在减少，而还款却在增多，这也是资产负债表上负债率降低的原因。

近两年恒大同样在呼喊降杠杆，但是杠杆不是想降就能降，土地已经拿下需要开发，规模已经铺开需要继续维持。现金净流出，这究竟是恒大主动降低负债还是因为客观融资渠道变窄呢？乍一看确实是像企业主动有意为之，但是房地产融资渠道严控的大环境下，企业的动作却又是相反的，频频四处融资，甚至不惜高成本去境外融资。

值得一提的是，尽管现金流量为负数，2018 年末现金净流量仍然比 2017 年增加了约 223 亿元，现金净流出情况有所改善。

另外，7 月 18 日，恒大集团发布公告称，将不晚于 2019 年 12 月 31 日前完成 2018 年的股息分配方案。自上市以来，恒大按约定于每年 7 月向股东分派股息。这是恒大集团首次推迟公布股息分派方案，官方对外宣称的原因为子公司恒大地产正与深深房进行重大资产重组，为保证重组顺利完成，故推迟通过股息分派方案。

消息一出，股价应声而跌。资本的嗅觉是追风的灵敏，因重组而打破 10 年分配惯例，貌似有点说不通。有没有可能是企业因流动资金紧张而延迟支付股息的一种策略呢？当然这只是一种猜测。

如果恒大 2019 年派息比例仍然维持在 50%，按当日收盘价 22.65 元计算，股息分配额将达 373.9 亿元，373.9 亿元不是小数目，相当于 2018 年末现金余 545.64 亿元（除去保证金存款等受限存款）的 68.5%，要抽出一大半的现金去分红，显然不是一件容易的事情。

行业预警：保留现金过冬

从去年房地产行业融资渠道收紧开始，一些上市房企就相继传出资金链紧绷传闻，更有一些中小房企出现债务违约风波。终究其原因，实为现金净流量不足，或因还债还的过多，或因融资不好融了，或因过去扩张支付的现金太多了，或因房子不好卖回收的现金太少了。

恒大集团2017年、2018年接连两年现金流量均为负数，指标弱于万科和碧桂园，这是一个不好的财务信号。

以打造中国式院子别墅著称的房地产企业泰禾集团，2018年其净现金流量就为负数。现金流紧张引爆了它的债务危机，过去的“地王收割机”因负债率高企、信用降级而险些资金链断裂。拿泰禾集团和恒大相比，这对恒大似乎不太公平，因为它们本就不在同一梯队，但恒大优于泰禾的一点是它的产品定位为刚需盘，市场基础要好过建豪宅的泰禾。

然而，客观市场规律是不会看脸行事的，无论你是行业龙头还是行业中坚。

除现金净流出外，现金资产少也是不妙的信号。

表3.9中可看出，恒大虽然销售规模跃居行业第一，但是现金余额却在三家中最少，2018年同期现金余额只有万科的28.96%和碧桂园的25.48%，虽然它的资产负债率最低，但是资金流动性却最弱。万科说要准备过冬，看来是真的准备好了，稳健的步伐、账上随时躺着1000多亿元的现金不是虚设，30多年的积累基础打得很牢。碧桂园2141.43亿的现金更甚，虽然负债率最高，但是现金流控制能力佳。万科的现金靠自身积累，碧桂园的现金更多源于负债。

表3.9 **2014—2018年恒大、万科、碧桂园现金余额（除去受限资金）比较**

企业	2018年	2017年	2016年	2015年	2014年
恒大	545.64亿元	162.94亿元	925.11亿元	421.58亿元	1.96亿元
万科	1884亿元	1741亿元	870.3亿元	531.8亿元	627.2亿元
碧桂园	2141.43亿元	1257.66亿元	728.03亿元	246.04亿元	103.08亿元

看到这里，也不难理解恒大为什么要实行全员营销了，现金不足加快回收现金是根本，全员营销不分地域不分岗位，甚至还有业绩要求，认识的一个广东恒大总部财务岗小妹妹每天不厌其烦在微信朋友圈宣传各地恒大楼盘信息，一会是武汉恒大科技旅游城，一会是南京恒大养生谷，一会是深圳坪山恒大城，看得出来，营销业绩压力并不小。与其说是企业有激情创造全行业独特的全员营销模式，不如说是资金链紧张状态下的自我鞭策。

资金链断裂是导致企业违约或破产的首要因素，而激进扩张的企业带头人都带有几分赌性，赌赢了就皆大欢喜，从此名字载入史册供人景仰，遍地总结成功经验，赌输了呢，只会给后来者一个人尽皆知的教训而已。

3. 重现金流分析，不停做减法

[案例分析] 康得新（现＊ST 康得）：150 亿元现金还不起 15 亿元的债

2019 年 1 月 15 日晚，曾被誉为“新材料白马股”的康得新发公告，去年四季度以来，公司资金周转出现暂时性困难。2018 年度第一期超短期融资券（18 康得新 SCP001）未按期兑付本息，已构成实质性违约。这笔债券发行总额 10 亿元，本息合计 10.4 亿元

另外，该公司的另一笔债券——2018 年度第二期超短期融资券（债券简称：18 康得新 SCP002）——将于 2019 年 1 月 21 日兑付，发行总额 5 亿元，本息合计 5.2 亿元。然而，这笔债券也构成实质性违约。

这个消息当时让人很震惊。为什么呢？截至 2018 年 9 月底账上现金余额 150 亿元，理财资金 27.9 亿元。据 2018 年半年报，公司银行存款 160 亿元，其中受限制的资金 8.8 亿元。

账面现金足够偿还上述债务，康得新宁愿支付金融机构更高的利息或者以违约为代价，也不愿意将现金用于偿还债务。

市场当时就懵了。

现金是一家企业的血液，直接决定了还债能力，我们不能单纯相信相关财务报表的现金流数值，这其中一定含有大量水分，我们需要确认的是其真实的数值，从而来判断是否能确保我们的本息有足够的保障。

（1）可信现金流。通常情况上市公司如果账上存在大量现金，如果不用于扩大生产、投资、并购，那么就会考虑进行一些低风险的理财。最常见的就是购买银行的长期存款、大额存单、银行理财产品等，少数民企会考虑信托产品。这些行为都是需要进行公告的，而这些钱也是可信的真金白银。像康得新这样 100 多亿元在账上睡大觉而不进行任何打理的行为本身就不符合基本的行为逻辑。

（2）不可信现金流。

在基建类信托投资中，大多是以应收账款为抵押物，这是非常不可信的抵押资产，原因有以下几条：

①融资企业与担保企业之间并不是独立运营关系，相互之间的应收账

款没有任何意义。一款基建类信托产品中，一家融资主体，几家担保的公司，这是基本标配。联系这些公司之间的关系，表面看来是应收账款，底层穿透之后发现大家的大股东都是一个主体，就像一个家庭里妈是同一个人，兄弟姐妹间相互担保融资。所以说基建类信托中应收账款是没有实质意义的。

②极少应收账款的账期会超过两年，正常情况下按年计算账款，如果真实存在且可收回，企业没有必要花高息代价到信托公司借款。基建类信托的借款期限基本都是两年，而应收账款企业间一般是以一年以内为常用标准。还有一个比较常识的道理，如果账收得回钱，何必加价到信托公司借钱呢?

③应收账款的实质作用，只是确认融资方与担保方之间的关系。应收账款的实质作用是将融资公司与担保公司的信用连接在一起，很多时间融资公司的信用达不到信托公司的要求，信托公司会要求本地较大的核心城投平台为其担保。直接担保在监管上存在一些问题，所以应收账款的形式更有利于双方的操作。

4. 坚持怀疑原则，信忧不信喜，为加分项做减法

每一份尽调报告都是一份美化了的销售推荐书，而财务报表更是如此。从编写者的角度都会刻意的美化风险项，重点介绍亮点。所以我们在分析相关财务报表时，根本原则是信忧不信喜，不停做减法。投资前我们需要知道最坏的情况，提前防范。

3.8 诉讼记录与信用记录查询

当一个人衣冠楚楚站在你面前时，你永远无法判断他是衣冠禽兽还是正人君子，只有在他与人争斗时你才能看清他的本质。这一点如果转移到企业身上，法律诉讼记录就是我们观察企业在争斗过程中本质的关键。

一、查询企业资讯的渠道

1. 天眼企查查、启信宝（见图 3.2）等

通过天眼查我们可以看到外贸信托存在着 3000 多起风险警视，原因大多是个人借贷纠纷，每个工作日相关开庭审理案件不低于两起，这就从侧面反映

图 3.2　启信宝企业查询外贸信托

了其旗下的个人消费贷业务存在很明显的问题。当投资相关产品时，我们就需要思索一下可能存在的风险。

企业查询发挥的作用就相当于个人的征信报告，它可以客观地反映过去企业出现过的各种经历，这些记录可以让我们更加客观地了解相关公司的实际情况，因为在借贷过程中信托公司都存在过度包装企业的行为。

2. 所属省市工商网站

企业信息在每个省市都会有公示，只需要花掉五分钟左右时间即可查证。这对于信托百万起的投资而言属小事一桩，但是很多人却没有做到。

3. 利用搜索引擎

好事不出门，坏事传千里！空穴来风，未必无因！虽然互联网上的信息有真有假，但是对于普通投资者而言这是最简单直接的收集资料方式。

4. 上市公司用证券软件

股价是成亿的真金白银进行多空博弈的结果，所以有关上市公司的信托产品，我们需要关注其股价的长期走势。如果股价长期持续下跌，则说明市场并不认可这家公司的未来。如果持续强于大势，我同样也要思考，为什么一家发展良好的公司，会需要用高息信托。当这个问题能得到合理解释时，我们才能安心进行投资。

虽然我们财务审计报告存在极为严重的信用风险问题，但是总的来说上市公司还是有一套完备的信息披露制度和成千上万双眼睛为时时盯着财务报表，总的来说具备一定的参考性。

二、对于法律诉讼记录的看法

1. 多少不是绝对的好坏，因为高息贷款本身的副产品就是高违约率

一家排名前十的信托公司托管的资产可以超过5000亿元规模，从绝对值上来讲项目违约是不可避免的，为了保护投资人的利益，采用法律手段是非常合理的。所以我们并不用介意信托公司有经常与贷款者打官司的记录。我们关注的是信托公司是否总是赢家，因为只有赢，才能保证投资者利益。

2. 你最好投资的是一个赢家

前文中列举了中诚信托在典雅地产的资产保全失败这个案例，假设我们是这个信托产品的购买者，打输官司后我们能够指望的就只有信托公司进行刚兑了，这时命运就不在自己手上。所以打官司不可怕，经常打官司也正常，只要总是赢家，反而说明其风控水平高，做事滴水不漏，所以我们最好投资的是一个赢家。

3.9 地域的选择

相信有人还记得台湾地区某个大学教授说大陆绝大多数省的人还吃不起茶叶蛋的梗，我们当然要嘲笑这位教授的无知。但是这句话要是改成大陆还有极少数地区的少数人连茶叶蛋都吃不起，我们就很难说他错了。中国实在太大，从地理上大致可以分为三级阶梯，从经济上也可以分为东中西，从个人角度看甚至南北之间也在出现越来越明显的经济鸿沟。在这种错综复杂的经济环境

中，我们投资信托过程中对于地域的选择就显得非常重要了。

信用评级机构发表文章对我国31个行政单位信用做了一个排名，因为篇幅与版权关系，我们只能节选一小部分内容以供大家参考。①

地方政府评级比较。全国30个省级（包括直辖市级自治区且除西藏以外）地方政府中，广东、江苏、北京等东部沿海地区的地方评级整体较高，而内蒙古、青海、辽宁、甘肃等地区综合得分和排名相对较低，中部省份政府处于中间水平。

各地区经济实力比较。以GDP绝对数作为地方经济实力指标，2017年经济总量最强的省级地方政府依次为广东、江苏、山东、浙江、河南；青海、宁夏、海南、甘肃和新疆相对偏弱。

各地区财政收入比较。以“一般预算总收入+政府性基金总收入+国有资本经营预算收入”衡量地方综合财力，17年综合财力最强省及直辖市是江苏、广东、浙江、山东和四川；宁夏、青海、海南、山西、甘肃等广义综合财力偏弱。

各地区债务风险比较。从各省“（城投有息债务余额+地方债存量）”反映的广义融资看，江苏、山东、广东、贵州和四川规模居前；从各地区负债率（广义融资总额/GDP）看，贵州、天津、云南、甘肃排名居前，负债率较低的省依次为广东、山东、河南、河北。

各地区房地产市场比较。以房价衡量，北京、上海、天津、浙江、海南和广东排名前列，宁夏、内蒙古、贵州、新疆排名居后；以人口流入/流出趋势衡量，贵州、河南、广西、安徽、重庆等流出占比偏高。

各地区收入平衡性比较。以一般预算收入占支出、（预算收入－支出）/GDP衡量，收入平衡性最高的省及直辖市为北、上、广、江苏和浙江，青海、甘肃、宁夏和新疆财政平衡性较低。

各地区波动性指标比较。以2013—2017年GDP增长、一般预算收入增速的标准差衡量，该指标越小，显示地方政府经济、财政状况越稳定。

各地区信用风险事件比较。投资者对发生过信用负面事件的省市关注度和警惕性更高，违约主体数量和涉及债务规模是主要衡量指标。

省会及计划单列市评级比较。对全国31个省会和计划单列市的经济与财政实力、债务风险等进行综合评分，总体来看，深圳、杭州、广州、武汉、厦

① 《中国地方政府评估报告（2018）系列一：省、直辖市、省会城市和计划单列市篇》，国君固收·专题研究。

门等综合排名靠前；中部地区分化较大，西部和东北地区的西宁、呼和浩特、南宁、沈阳等省会综合实力相对较弱。

以上是这家机构对我国行政地域的总体的评判，但并不是信托投资角度的评测，从我个人角度来看这个分类并不科学。

具体情况分析：

1. 广东、河南少政信

在信托投资过程我们可以发现广东、河南的基建类信托项目极少。原因在于：

①经济发展速度快，财政收入处于高增长阶段。广东和河南是近五年我国经济全省平均增速前五的省份，广东则在总量，增量等多项指标上都名列全国第一。河南虽然从经济总量和人均收入都无法与沿海周边省份相比，但是因为人口众多，省内从省会与地级市经济增长较为快速平稳，发展趋势好，所以从财政到地方融资平台都处于“不差钱”状态。信托对于地方融资平台而言算是最后选择，财政和平台经营压力不算大的地方根本不可能考虑信托。

②人口增速快，城市化速度有保证，房价坚挺。

我国财税体系和地方平台的收入都与房地产市场有深度关联，目前广东和河南人口增速，城市化程度在全国范围来讲是非常好的。这造成的客观结果就是无论是省会城市还是地级市的房价都经较坚挺，房地产市场相对繁荣，所以省份内的地级市融资平台总体的资金运转状况良好。

2. 苏南苏北两重天

江苏虽然是我国第二大经济大省，但是地方债务率非常高。虽然其债务率整体高，但是苏南苏北的情况又有明显不同。以苏州、无锡为代表的苏南地区无论从财务增长情况、人口增速、土地财政占比上都要明显优于苏北。最直接的体现就是苏北地级市中：连云港、宿迁、淮安、盐城、扬州等地基本上都是近几年中信托市场中的基建主力融资方。

经济状况比较理想的苏州、无锡基本上没有出现在信托市场，因为财政状况较为理想，无需考虑信托这种高息贷品种。

3. 中国南北城市群差异化

过去我们看中国经济通常分为东中西，但是近年来有学者提出了经济上南北分化的概念，经济的整体状态目前体现出了很明显的北不及南的情况，更有“投资不过山海关”的调侃。就算是直辖市天津在过去两年也出现多起各种类信托违约案例。所以在投资基建类信托的过程中，个人建议要更多偏向南方城市群。

作为投资者面对上述这样的差异，笔者从个人经验出发，给大家提供几条思路：

1. 选择房地产市场基础好的城市，也就是人口净增长有保证的城市

目前市场上绝大多数信托跟房地产有千丝万缕的关系，例如：基建类信托表面上城投城建类公司借款，但往深层次分析又是以地方信用为背书，而地方信用的核心来源又是地方财政。在中国越是经济欠发达地区对土地财政的依赖性越大，而城投城建从业务根本分析主要还是房地产配套设施服务商而已。所以一个地区房地产市场的长期稳定，对于信托投资是极为重要的因素。而房价的增长只是表象，判断一个城市的房地产长期发展状况还是由人口流动所决定的。

表 3.10　**全国主要城市人口增量排行**

排名	城市	2018 年人口	2017 年人口	人口增量	增速
1	深圳	1302.5	1252.88	49.67	3.96%
2	广州	1490.44	1449.84	40.6	2.80%
3	西安	1000.4	961.67	38.7	4.02%
4	杭州	980.6	946.8	33.8	3.57%
5	成都	1633	1604.47	28.53	1.78%
6	重庆	3101.79	3075.16	26.63	0.87%
7	郑州	1013.6	988.1	25.5	2.58%
8	佛山	790.57	765.67	24.9	3.25%
9	长沙	815.47	791.81	23.66	2.99%
10	宁波	820.2	800.5	19.7	2.46%
11	武汉	1108.1	1089.29	18.81	1.73%
12	济南	883.6	869.72	13.92	1.60%
13	合肥	808.7	796.6	12.1	1.52%
14	青岛	939.48	929.05	10.43	1.12%
15	南京	843.62	833.5	10.12	1.21%
16	南宁	725.41	715.33	10.08	1.41%
17	厦门	411	401	10	2.49%

续表

排名	城市	2018 年人口	2017 年人口	人口增量	增速
18	南昌	555.86	546.35	9.51	1.74%
19	福州	774	766	8	1.04%
20	贵阳	488.19	480.2	7.99	1.66%
21	石家庄	1095.2	1087.99	7.17	0.66%
22	上海	2423.78	2418.33	5.45	0.23%
23	东莞	839.22	834.25	4.97	0.60%
24	太原	442.14	437.97	4.17	0.95%
25	苏州	1072.2	1068.2	3.97	0.37%

资料来源：《2018 全国主要城市人口增量排行榜，西安增速最快》，中管院数字经济中心，2019 年 6 月 13 日。

2. 选择经济发展良好的省份、城市群、城市

经济的发展是带有明显的联动性的，所以在选择上我们首选要选的是区域，其次是城市群，最后才是城市。

从省份来讲：

个人大概把相关区域分为四个梯次：

第一阶梯：广东，浙江，北京，上海（基本无基建类信托发行）

第二阶梯：河南，湖北，安徽，（虽属中部省份，但是发展良好，信托发行量小）

第三阶梯：江苏，湖南，山东，四川，重庆。（目前是基建类信托的绝对主力，市场上 90%左右的基建信托都来自这些地区。）

第四阶梯：云南，贵州，青海，山西，内蒙古，东三省。（经济表现不佳，分别出现过一些基建信托违约案例。）

城市群：

从优先级分布来讲：

第一阶梯：大湾区珠三角，长三角地区

第二阶梯：中原城市群，京津冀，长江中下游，成渝

第三阶梯：山东半岛城市群，江苏（苏北）

第四阶梯：东北，内蒙古，贵州及其他

为什么没有城市分阶梯这是因为一个很实际的问题，出现在信托市场的单

位通常都是这个地域财政、经济实力较差的城市，或是像重庆、成都下辖的非核心城区的县。所以地域的选择只是一种概率层面的考量，毕竟发达城市群下面的县市拥有更良好的经济发展基础，财政的弹力也更强。

3. 信托公司所属省份和项目所在地一致

在信托的发展历史和分布上我曾为大家总结过，信托公司牌照的发放规则中遵循着每个省级行政单位至少发放一张。所以说信托公司的业务范围也有很强的地域性，加之信托公司中相当一部分大股东是相关省份的国资委或央企。这种强地域性本身也会造成信托业务资源分布的地域性，通常意义上来说信托公司在本身的“势力范围”进行业务拥有更强的信息收集能力，对于企业经营状况更加了解，对于贷前、贷中、贷后管理拥有更多的能量。所以通常情况下，强龙不压地头蛇，本地项目笔者更倾向于本地的信托公司一些。

4. 你可以近距离考察研究或是了解的地域

信托投资很多时候都是纸上谈兵，仅通过尽调报告和自身的认识去判断项目的投资前景，本身就不是一个好的处理方式。在可实现的方式下，我们可以到实地去考察一下。例如投资某城市的普通居民住宅项目，除了通过互联网直接调查一下相关区域楼盘价格、成交量以外，完全可以实地去考察一下，甚至是当一个购房者去售楼部看看销售情况。毕竟楼盘销售情况直接决定了你的投资回款情况。又或者是个人消费类贷款，即使是互联网金融，你也可以尝试小额贷款体验一下，有了直观的感受，对于了解投资风险是大有帮助的。

5. 地方行政力量干预越小的区域优势越大

信托投资从根本上讲是一个经济行为，金融投资遵循着它特定的原则与逻辑，可是这只是理论上的。我国的市场经济还有很多很明显的问题，其中之一就是行政力量对经济事件的干预，这里面就会带来的大量的不确定性。在我们投资过程中我们要尽量回避行政干预强的地区，这是为了回避不确定性。

在地域选择中实操问题：

1. 市场中存在的基建类信托基本上是债务率较高的地区与省份

目前基建类信托中从项目借款总额上来讲说比较高的省份包括：江苏、山东、湖南、贵州，还有一些例如山西、内蒙古等则已经在信托借不到钱。

2. 较好的省份但县市自身财务状况不佳

江苏除了苏州、无锡、南京以外所有市、县的城投类公司都有信托借款，目前基建类信托第一借款大户就是江苏。

3. 好的区域，较差的城投公司质量，较差的区域与质地较好的城投公司。

这是在基建类信托投资中碰到的经典问题，这个问题综合体现了基建类信托的投资逻辑，我的答案是明确的，如果可以选当然是好的地域好的城投，但是正常情况下我们一般以好的地域为最优先选择项。理由如下：

（1）事实结果如此，基建类信托在历史上出现过数次大面积技术违约的情况，即兑对短时间出现问题，但最终还是得到了解决。在这个过程中我们看到基建类信托的违约往往不是单个城投类公司或是地方，而是在一个省份连续不断出现的。例如 2019 年各类基建类信托，资管违约的最严重的贵州，省内除了省会贵阳以外都出现了违约案例。这是因为城投类资金运作是十分不透明的，地方兄弟城投单位都是信用共享，一但地方财力无以为继，容易出现一损俱损的局面。贵州总体的共性问题是前期基建投入步子有点大，可是经济增长与税收增长却跟不上，最终造成各市县都陷入了财政困难，而高息贷部分的信托，资管就成了首要被冲击区域。在这个时候地域内的好坏城投是没有本质区别的，因为钱都是地方统一规划使用。地方没有钱了，无论是好城投还是坏城投，并无本质区别。

（2）好城投标准不可信，好坏是一个相对概念，我们认为的好坏城投的标准主要就是平台股东性质，财务报表所体现的财务状况，评级机构给予的评级，公司的自现资产状况等。可是这些标准中最重要的财务及资产状况是非常不可靠的，首先是因为我国财务会计报告的可信度低。其次，城投公司绝大部份资产都是土地与应收账款，变现能力极差。最后，评级机构给予的评级报告基本是为融资言服务而非为投资者服务。

（3）基建类信托的投资逻辑，前文中提到过所有城投类公司如果按照市场化标准来看都是畸形的垃圾公司，还款方式也是借新还旧。能够在各类金融机构拿到较低利息的贷款，同时还能持续进行借新还旧，根本原因是其背后隐含的地方信用。地方信用的高低是由地方的经济发展水平与趋势所决定的，所以好的区域才是正确的答案。没有好地方，根本就不会有好城投。

3.10 经济大环境的判断

信托投资虽然方向各有不同，但是都受制于经济周期的影响，具体来讲主要是三个周期影响：货币周期、税收周期、投资市场周期，主要指的是房地产周期，其次是股票市场周期。

1. 信托投资的是未来一年至两年，甚至是更长的一个时间段

针对普通投资者的集合类信托投资期限普遍是一至两年，所以我们需要判断不是现在市场情况，而是一年或是两年后。

例如：2019 年 7 月房地产信托监管，造成信托第一大户房地产信托在下半年稀少，结果必然是新一轮的信托资产荒。各家信托公司为了完成业绩，必然会放低基建类、商业借贷类等信托的门槛，这反而容易造成一年或是两年后的兑付问题。这个循环如同 2016 年前后信托资产荒造成信托项目资产质量下降，2018 年违约问题频发的情况。

2. 基建类、房地产类核心是判断准房地产周期

基建类的核心还款能力来自地方的财政情况，而地方财政情况的变量主要是土地财政的变化，这造成的一个核心局面就是往往房地产处于上涨周期时，信托的兑付情况都比较理想。房地产信托则更是如此，所以判断房价周期是投资基建类、房地产类非常重要的一环。

3. 商业借贷类直接受到货币金融政策的影响

此类产品通常标明的用途就是补充现金流，这也意味着还款来源也是综合现金流，并没有特别明显具体的还款来源，更多时候是借新还旧。那么这个时候企业借新还旧的能力就显得尤为重要，且往往受整体金融政策环境的影响巨大。例如：2018 年金融去杠杆，融资环境严峻，就出现了大量的商业借贷类信托爆雷的情况。

这里随便说几个就是大家耳熟能详的名字：康得新、东方金钰、南京建工产业集团、“海航系”“渤钢系”等。如东方金钰债务危机就牵涉到了十几家信托公司。①

3.11　寻找亮点与风险的最佳平衡点

在前面的章节里我从九个方向分析信托在安全性的要素，在这个基础上再结合自身对资金的流动性需求与收益期望等要素，就完全可以挑选到一款比较

① 《东方金钰控制权转让终止　中铁信托等解套愿望落空》，《华夏时报》2019 年 2 月 13 日。

完美的信托产品了。可是现实中根本就不存在完美的信托产品，这一点同样是由信托高息贷属性所决定的。

例如基建类中，经济状况发展最好的城市和省份基本不可能考虑信托融资渠道，即使是目前网红区域成都下辖的十几个区县中房价最坚挺的高新区、经济增速最快的天府新区都很难看到相关信托产品，借钱的却都是周边的郊县。

又或者房地产类中万科、保利这种国企背景，业内贵族。因为其拥有极高的市场信誉度，现金流充沛，银行额度高，根本就不需要退而求其次找信托借高息贷款。每一种借贷形式的信托都存在着这种问题，所以想要同时满足以上九个标准在现实中是不可能的。在这时我们就需要做取舍，在项目的亮点与风险点之间找到一个平衡点。

第一梯队要素：还款来源，风控保底！

原则：两者之中至少需要一个完全符合标准。

一个理财产品违约后，我们的第一反应就是抵押物能不能够保底，因为项目违约意味着责任主体已经信用破产，也不太可能指望信托公司进行刚兑。所以抵押物才是真正可靠的安全保障，信托平衡点中最核心的要素就是抵押物的判断。

还款来源的分析是我们信托投资过程中逻辑链条中的最重要的问题，借钱拿什么还？假如是房地产项目我们要考虑的核心问题就是相关项目去化率能不能够顺利回款，项目的利润率足不足以覆盖信托高息。如果是政信类项目我们需要思考的是相关地区借新还旧的能力，如果是商业借贷类，则需要计算项目公司的经营状况和现金流情况等。

在选择一款信托产品时，最好第一梯队的两大要素都要符合标准，因为这解答了“拿什么还钱”“不还钱怎么办”两大借贷核心问题。在实际操作过程中，两大标准中至少有一条达到非常优良的水平的信托才能进入我们投资的考虑范围。

第二梯队要素：信托公司、收益率、财务分析、借钱目的、地域选择。

(1) 信托公司。首先，信托牌照是一种稀缺资源，所以信托公司都非常珍惜自己的名誉，因为这事关公司的生死。信托行业一直以来都存在“刚性兑付”的潜规则。但是2018年新资管条例的出台以及不同信托公司的实力与项目大小等因素让“刚兑”充满了不确定性。所以才有信托项目违约多年而无法解决的情况。也有中江信托连续爆雷后，积压70亿坏账，却最后让新大股东雪松控股集团以收益权转让的方式进行“和谐”处理，让众多投资者死里逃生。

其次，信托公司作为项目的推荐方和操盘者，其对于一个项目的风控及管理水平，直接决定了投资者的资金安全。

最后，信托公司本身的基因对于信托项目的影响是全方位的，例如民营信托经营信托相对激进，地方国企信托往往又容易出现大股东失位，管理层管理混乱，以权谋私。中江信托就是典型案例。即使是央企信托也绝非净土，对于信托公司本身的底层基因的分析与选择也是非常重要的。

(2) 收益率分析。风险与收益成正比，但受多种因素的影响，常常出现错配。

大信托公司店大欺客，赚得更多，大公司收益率的风险需要+1%。而信托的整体收益还受大环境的影响，例如 2018 年金融去杠杆，社会上企业普遍资金链紧张，信托收益率大幅抬升。这时相对优质的信托产品收益率也能达到 8%以上。而此时 8%的风险实际要低于 2016 年下半年的 7%，因为当时资产荒，信托市场属于强卖方市场，产品质量差，收益还低。所以收益率高低的风险需要综合判断。从同时期横向比较来看，剔除掉其他因素，整体是遵循收益与风险成正比。从纵向来看，资产荒时，收益率低反而总体风险大。资金紧张时，信托的收益率高，反而资产质量要更高一点。这都是由信托的“相对高息”属性所决定的。

第三梯队要素：责任主体的信用，法律记录。其他影响要素。

思路：因为信托公司的项目资金不可能出借给信用记录有问题的公司，这也意味着信托项目公司的信用记录正常情况下没有问题。过去没有违约并不代表未来不会违约，所以我们需要思考的是这家公司未来违约的可能性。

有法律诉讼记录在所难免，以外贸信托为例，其目前每个工作日都有开庭案件，都是有关个人消费贷业务的诉讼。这说明这类业务在展开时，有很多实际操作问题，所以我们需要对其旗下这类产品保持警觉。

在从事独立三方理财师工作时，每两周左右我会为自己的客户按类别分别推荐一款信托产品，在这个过程中我会按照这十个方面分析项目的优缺点。可是相当一部分投资者并不敢买，因为现实永远是“血淋淋”的。很多投资者买信托产品就是因为相信信托是绝对安全的，也愿意相信信托公司或代销平台的“刚兑”潜台词，或者单纯相信国企、政信、大品牌、排名这类似有似无的东西。当然还有一部分人被吓到，决定还是去买银行理财算了。

对于信托我前文说过，“信托是目前国内在风险与收益之间最接近那个平衡点的理财产品”。这个世界怕并不能帮助我们解决问题，无知无畏也不能让我们规避风险，能够一直陪我们走下去的是理性的认知能力。

前三章从总体选择思路上为大家梳理了一下信托的实战方法，后面的章节将针对主要的信托产品种类去分析它们各自的特点和具体标准。

第4章　政信基建类信托

基建类信托过去的称呼是政信类信托，是指以地方政府信用为背书的城投类企业信托借款。但是2017年以后中央规范地方举债行为后，切割地方信用与城投市场行为的法律关系，所以2018年后这类信托统称为基建类信托。

4.1　基建类信托选择的四大标准

基建类信托的基本投资逻辑是尽量与地方信用进行捆绑，按照这种思路，笔者为大家提供四条标准。

首先，寻找信用强的地方政府，从法理上来讲地方城投的信托借款是纯市场行为，与地方并无法理关系。但是因为城投类公司主营承接地方基建项目，主要的收入来源就是地方财政付款，所以地方政府的信用、财政对于基建类信托能否顺利还款至关重要。

（1）良好的经济发展状况。地方经济发展趋势越好，地方税收越高，就越会需要建设更多的基础设施，城投类公司就可以承接到更多业务，拥有更好的收入来源与回款保证。

（2）强力的政策支持。城投类公司接手的业务范围大多是政策性的基建工程，这个时候政策的支持力度大小对于整个项目就至关重要了。

（3）更高的行政级别。百强县、地级市是我们最常接触到的基建类信托产品地区，还包括像成都郊区县这种属于县级但由成都管辖的地区。总体上的划分原则是越高的行政级别越好，这里面有三点原因：①行政级别越高，能够掌控、调节的资源也就越多。②行政级别越高，城投公司一旦违约所带来的影响也越大。③按过去几年地方债务危机的处理方式，国开行的政策是越高行政级别的城投单位越是优先支持对象。

其次，寻找与地方政府深度捆绑的融资平台，基建类信托核心逻辑就是地方信用。

（1）100%国资背景。投资平台必须是地方国资100%控股，最好地方国资委就是其唯一的股东。

（2）四大地方融资平台或者第一大融资平台。我们不能排除部分地区债台高筑之后出现弃卒保车的现象，所以我们投资的城投平台必须是地方的核心融资平台，最好是第一大融资平台。通常情况下一个地方会有四大融资平台：城投主管城市基础设施建设，城建和城投功能相近，城交主管城市交通设施建设，城旅主管城市旅游资源建设。

（3）业务内容高度集中于本地基建项目。很多城投类公司一般不仅会承接地方政府事务，而且还会自营发展。但是我们投资过程中需要投资的是占比在80%以上的地方财政局的应收账款，且比例越高越好。因为这样才能捆绑地方信用，地方政府信用才是我们唯一投资它的理由。

再次，经营状况比较良好的平台。

（1）银行额度贷款要明显高于信托，这个要求在前文财务分析中已经有过说明。

（2）现金流状况相对稳定，重要的是趋势。相关平台主体现金流不能是逐年减少，且留存现金流不能相较于信托贷款规模差距过大。

（3）信托还款期不能与还贷高峰期重叠，当一家地方城投平台到信托公司借款时，那么它一定还有其他借款，例如，城投债、银行借款等。我们需要注意的是信托还款期最好能在还债高峰期前。这里有一个例子非常明显，就是前文所提南京建工违约事件中，长安信托不幸中的万幸是它是第一个信托违约的，所以它迅速采取措施冻结了担保方南京新港公司的银行账户，其银行存款与28亿元信托额度基本相当，有力地保护了自身权益。可是后面信托还款高峰的中信、平安等到时能否收回本息，就很难说了。

最后，兑付期回避房地产低峰期。地方融资平台能否顺利还本付息，从长期看还是要看地方财政的支付能力。而目前地方对于土地财政的依赖程度非常之高，所以我们需要回避兑付期与房地产低潮期重合。

基建类信托的特点分析：

基建类信托并不是一个纯市场化运作的产品，基建类最大的特点是非市场化，因为其背后隐含着大量非经济因素。

（1）地方融资平台整体的经营状况不佳，尤其是通过信托融资的平台。城投利润规模前列企业相关数据如表4.1所示。

表4.1 **城投利润规模100强前20名**

（2018年，单位：亿元，由于篇幅原因，只列举前20名）

序列	名称	利润	省、市、区	城市
1	北京国有资本经营管理中心	429.4	北京	北京
2	深圳市投资控股有限公司	159.5	广东	深圳
3	宜宾市国有资产管理有限公司	156.6	四川	宜宾
4	江苏交通控股有限公司	120.1	江苏	南京
5	上海地产（集团）有限公司	83.5	上海	上海
6	深圳市地铁集团有限公司	72.5	广东	深圳
7	广东省交通集团有限公司	67.9	广东	广州
8	浙江省交通投资集团有限公司	65.4	浙江	杭州
9	江苏省国信集团有限公司	62.7	江苏	南京
10	北京控股集团有限公司	60.4	北京	北京
11	安徽省投资控股集团有限公司	59.2	安徽	合肥
12	河南省收费还贷高速公路管理有限公司	59	河南	郑州
13	山东高速集团有限公司	58.7	山东	济南
14	北京金融街资本运营中心	54.2	北京	北京
15	北控水务集团有限公司	52.3	北京	北京
16	申能（集团）有限公司	50.9	上海	上海
17	浙江省国有资本运营有限公司	49.9	浙江	杭州
18	广州越秀集团有限公司	49.9	广东	广州
19	上海陆家嘴（集团）有限公司	49	上海	上海
20	北京首都创业集团有限公司	45	北京	北京

资料来源：Wind。

简要分析城投100强财务数据：

①前百强城投公司资产总计30.3万亿元，约占全部样本的34%。

②资产规模最高的为北京国有资本经营管理中心，其资产规模为2.77万亿元。四川发展（控股）有限责任公司资产规模为1.05万亿元——资产规模超万亿元的城投仅有两家。

③前百强城投公司营收总计6.5万亿元，约占全部样本的60%。

④营收规模最高的为北京国有资本经营管理中心，其营收规模接近1万亿元。浙江省国有资本运营有限公司居第二位，规模为3675.2亿元。

⑤前百强城投公司净利总计0.37万亿元，约占全部样本的46%。30.3万亿元的资产创造了0.37万亿元净利润，ROA（净资产收益率）仅有1.22%。

⑥净利超过百亿元的城投公司仅有四家，依次是北京国有资本经营管理中心、深圳市投资控股有限公司、宜宾市国有资产经营有限公司、江苏交通控股有限公司。

排名前100位的地方城投平台的经营状况尚且一般，那信托中的百强县或是债台高筑的三四线地级市又能好到哪里去呢？

造成这种情况的主要原因：

①城投平台担当的主要责任。公司存在的根本原因是为了获取利润，但是城投类公司的经营逻辑远比这要复杂。它还担任着地方基础设施的建设、城市民生工程的建设，在建设这些项目工程时就创造了账面利润，却同时需要面对极长的账期，资金无法回流。还有部分项目明显没有商业价值却不得不建设等问题，带有很明显的行政属性。

②国营独资非市场化运作方式。除开部分上市城投公司，绝大多数城投平台是国有独资企业，意味着企业经营过程中缺乏公开透明，运作效率总体也偏低，还经常出现贪腐与寻租问题。

（2）地方融资平台不会出现毁灭性打击。

我们知道虽然地方融资平台基本处于不盈利状态，甚至亏损状态，可是往往也不会受到毁灭性打击。首先，因为地方融资平台与地方政府联系密切，所以地方财政会时常输血，进行维持。其次，地方财政经常会拖欠城投公司工程款，最终以批居民住宅用地做补偿，让城投公司可以低价拿地，然后通过卖房进行回款。最后，并购重组。因为地方融资平台的大股东是地方国资委，可以通过大吃小、富并穷的方式将公司并表经营，所以地方融资平台不同于一般民营公司，很难突然受到毁灭性打击。

（3）地方融资平台隐含行政违约成本。地方融资平台与地方经济建设深度捆绑，如果地方融资平台出现金融违约，对于地方经济建设会造成重创。并且这种违约记录会对地方官员仕途产生明显的不良影响，所以这其中隐含着极高的行政违约成本。在金融业内有一句话：城投做生意信用极差，金融信用却极好！

（4）当地方平台出现违约状况时，行政力量基本都参与了。

2018年多地城投平台出现短期违约情况，这个时候往往会出现地方政府的身影，而信托公司的诉求也很简单，要求展期没有问题，但是地方政府要出具一份“还款承诺函”。后来中央严禁出具此类文件，所以近期又改成了“调节承诺函”。

（5）金融机构对于地方融资平台的态度是非市场化的。

对于信托而言，一家普通公司想要在信托公司拿到贷款，至少需要做到两件事情。第一，能够证明企业拥有还款能力。第二，拿出超值的抵押物，确保不还钱时信托公司能够通过处理抵押收回本息。

但是我们看到目前的基建类信托普遍有三个应对措施：

①关联公司的应收账款抵押。过去信托公司会要求地方城投类公司以地方应收账款为质押，这样如果地方平台不能够准时还本付息，信托公司从法理上就可以直接要求地方政府还钱。如果地方政府不还钱，这就与城投公司不还钱性质与影响力完全不同。可是随着中央政府的监管，要求地方与融资平台完成切割，目前的应收账款质押都会成为关联公司的应收账款，甚至是子母公司之间的应收账款。很明显以此为质押物，如果到时相关公司违约，关联公司也一定无力还钱，因为这些公司的大股东都属一系，公司之间的财务、账目其实是一家。

②各类土地抵押。在一些资质较差或是市场融资环境不理想时，信托公司会要求相关公司提供土地做抵押物，以降低相关信托产品在销售环节中的难度。有大量投资者非常看中抵押物，只可惜在 99% 以上的基建类信托中土地抵押是没有任何价值的。

第一种情况：三四线城市工业、商业用地作为抵押物没有任何意义，因为商业用地只能开发成公寓、商业综合体、商铺等商业资产。目前这类商业地产在三四线城市前景极差，所以商业土地做抵押根本无法变现和转让。目前即使是一二线城市商铺、写字楼的销售也存在重大问题。业内很多打包给三方销售机构的提成在 15% 左右，可见其销售难度。而三四线城市，尤其是一些经济发展状况不理想的城市，商业土地和工业用地根本没有价值，因为要在全国找一个愿意花几亿元在此地方开发项目的公司并不是一件简单的事情。

③关联公司的担保。

兄弟公司之间的担保，信托公司通常要求融资平台与地方比较主体的融资平台为其做担保，以增加违约成本。这种方式不能说一点作用没有，但是不改变本质。就是如果地方财政困难，一家融资平台违约，就意味着地方金融信用破产，多一家担保与没有担保并无本质区别。

以上三个措施都不能解决信托投资过程中的“拿什么还钱”“不还钱怎么

办”这两个核心问题，那为什么信托公司还敢借钱呢？

总结起来就一条：地方政府不敢信用违约，地方不会放任地方融资平台违约！所以基建类信托的核心逻辑是跟地方信用进行深度捆绑，其他的都是虚假的。

4.2 基建类信托对于地方而言的定位

首先，相较于普通企业，地方融资平台的渠道要更广一些，例如 2019 年初中央就批复了地方城投债 8000 亿元的额度。并且地方城投企业在银行的授信额度也远比同等规模的一般民营企业要高得多，利息也更低，此外还有名目繁多的各种政府补贴。

所以我们需要明白的一个事实就是对于地方城投企业而言，信托是替补的替补，开始借信托意味着现金流状况非常不理想。现实中绝大多数地方信托也不过是通过不停更换马甲替新还旧而已。只有在地产大年中，卖地收入大涨，地方债务率才会得到缓解。

其次，地方基建类信托借款属于隐性债务，在日常地方债务数据的统计中不存在，这也意味着目前这一块属于无明确计划的部分，未来发展方向是不明晰的。

4.3 基建类信托真正意义上的大危机是与房地产深度关联

分析中国任何金融市场都绕不开房地产的影响，对于基建类信托而言城投是表面，地方信用是根本，而影响这个地方根本最大的因素就是土地财政。

我国地方政府的收入来源主要有三个方面：

（1）一般性财政收入。这里通常指地方的财税费收入，这些收入具有相对稳定的特点，很难出现爆发性的增长和突然性的衰退。

（2）平移性收入。指的是上级政府的分配收入和中央下拨的财政收入，在没有新的政策变动前这个收入也是可预测的，变化很小。

（3）地方政府基金。主体就是地方土地财政收入，这部分收入变化性非常大。例如四川天府新区规划建设中，眉山市有两个县被规划进去，这造成在 2017 年以前城市综合财政收入一直都在 100 亿~150 亿元左右的眉山市在 2018 年财政收入达到了 300 亿元。这其中地方政府基金收入暴增了 100 多亿元是关键。

前两者虽然处于变化之中，但是变化幅度非常之小，或者说是可预测、可计算的。只有卖地收入是不稳定的，因为房地产周期是地方无法控制的。

地方城投平台赚钱业务有相当一部分是来自于房地产。翻看任何信托产品关于目标城投公司的尽调，我们可以清晰地看到一件事情，那就是相关城投公司的资产主要是由应收账款和土地储备组成。业务收入来源相当一部分是通过房地产销售。在地方建设过程中，很多地方会超财政能力建设，这时财政是无力支付相关建设费用的，所以会批设住宅用地给城投公司，然后建设普通居民住宅，到市场上去获取利润，从而让企业持续正常经营。

地方城投平台是城市基础设施服务商，自然也涵盖房地产服务商的属性。

地方城投公司无论是修路、修桥还是修地铁，甚至是建公园，各种基础设施其实都可以算是房地产配套设施。而反过来地方政府想要筹集资金进行基础设施建设，同样需要出台各种规划后再进行土地拍卖，获得资金才有能力支付各种建设费用。这是过去二十年国内城市建设的最重要的建设路径。

综上所述，我们可以看到基建类信托从长远来看，持续的还款能力与本地房地产市场基础是息息相关的。在我国财税体系没有得到根本改变之前，地方对于房地产的高度依赖是无法改变的。这一点在三四线城市体现得更加明显，因为三四线城市税收税源稀少，再加上大城市对于人口、资源、税收的吸引效力越来越强，未来三四线城市对房地产会更加依赖，可是基础却越来越差，基建类信托迟早要面临地方无力兜底的状况。从法理上地方城投平台与地方政府已经切割，从信托名称上大家就应该可以明白这一点，过去叫政信类信托，现在叫基建类信托。

4.4 成都基建类信托分析

在基建类信托实战案例的选择上，我挑选信托网红区域——成都，因为无论是行政级别，还是信托发售量等都极有代表性。

整个分析过程我们按照前文提到的四条选择标准：

第一条标准：选择经济状况更好的区域。

1. 成都行政区域划分、2018 年 GDP、公共预算收入情况梳理

成都市是四川省省会，也是全国 15 个副省级城市之一。成都市的行政辖区在中华人民共和国成立后几经调整逐步扩大：1976 年将温江地区的原双流县、金堂县划入成都市管辖；1983 年，实行市领导县的体制，撤销温江地区，

将其 10 个县并入成都市；1990 年，调整成都市区划，将原来的 5 个区划分为 7 个区；2002 年，经国务院批准，将原新都县、温江县撤县设区；2013 年 3 月，成立天府新区（成都党工委、管委会）；2014 年 10 月 2 日，经国务院正式批复，同意设立四川天府新区，标志着天府新区正式晋升为国家级新区；2015 年 12 月，经国务院批准，原双流县撤县设区；2016 年 5 月，经国务院批准，资阳市代管的县级市简阳市改由成都市代管；2016 年 11 月，经国务院批准，原郫县撤县设区。截至 2017 年，成都市辖锦江、青羊、金牛、武侯、成华、龙泉驿、青白江、新都、温江、双流、郫都 11 个区，简阳、都江堰、彭州、邛崃、崇州 5 个县级市，金堂、大邑、蒲江、新津 4 个县。成都市有国家级新区——四川天府新区成都直管区，国家自主创新示范区——成都高新技术产业开发区，国家级经济技术开发区——成都经济技术开发区。

经四川省统计局、国家统计局四川调查总队审定，成都市 2018 年全年实现地区生产总值（GDP）15342.77 亿元，按可比价格计算，比上年增长 8.0%，全国排名第 8。按常住人口计算，人均地区生产总值 94782 元，增长 6.6%。

表 4.2　　**2018 年各大城市 GDP 排名**

排名	城市	GDP（亿元）	同比增幅	所属省份
1	上海	32679	6.60%	——
2	北京	30320	6060%	——
3	深圳	24691	7.50%	广东 1
4	广州	23000	6.50%	广东 2
5	重庆	20363	6%	——
6	天津	18809	3.60%	——
7	苏州	18697	7%	江苏 1
8	成都	15342	8%	四川 1
9	武汉	14847	8%	湖北 1
10	杭州	13500	7%	浙江 1
11	南京	12820	8%	江苏 2
12	青岛	12561	7.50%	山东 1
13	长沙	11527	8.50%	湖南 1

续表

排名	城市	GDP（亿元）	同比增幅	所属省份
14	无锡	11438	7.40%	江苏 3
15	宁波	10745	7%	浙江 2
16	佛山	10550	6%	广东 3
17	郑州	10200	8%	河南 1
18	济南	8862	7.40%	山东 2
19	泉州	8467	8.90%	福建 1
20	南通	8427	7.20%	江苏 4

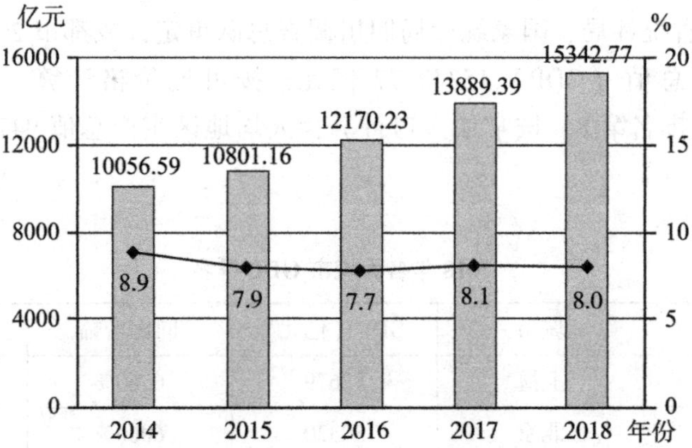

图 4.1　2014—2018 年地区生产总值及其增长速度
资料来源：成都市人民政府官网。

全年地方一般公共预算收入 1424.2 亿元，比上年增长 9.4%。其中，税收收入 1067.8 亿元，增长 15.1%；占一般公共预算收入的比重为 75.0%，比上年提高 4.4 个百分点。分税种看，实现增值税收入 349.7 亿元，增长 7.0%；企业所得税收入 151.7 亿元，增长 13.2%。实现全口径税收收入 2926.0 亿元，增长 11.2%，同比增收 295.3 亿元。

2. 成都整体的财务状况梳理

2018 年，全市一般公共预算收入完成 1424.2 亿元，占预算的 104.2%，同口径增长 9.4%。加上上级补助收入、一般债务转贷收入、调入预算稳定调

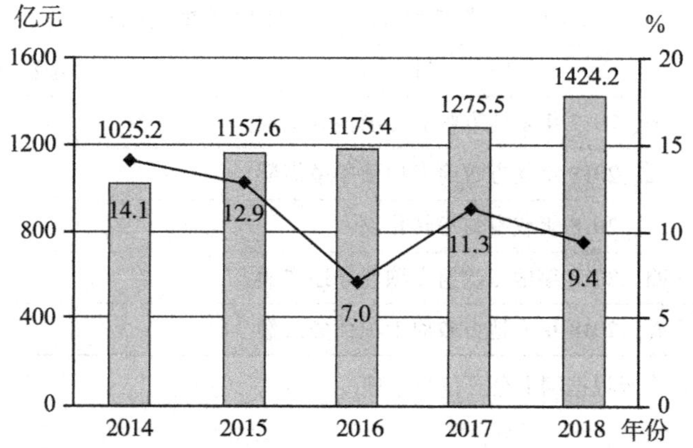

图 4.2 成都市 2014—2018 年一般公共预算收入及其增长速度

资料来源：成都市人民政府官网。

节基金、调入资金、上年结转等 912.8 亿元，收入总计 2337 亿元。全市一般公共预算支出完成 1837.5 亿元，占预算的 94.3%，同口径增长 9.7%。加上上解省支出、一般债务还本支出、援助其他地区支出、安排预算稳定调节基金等 388.2 亿元，支出总计 2225.7 亿元。收支相抵，结转结余 111.3 亿元，按规定结转下年继续使用。

2018 年，成都天府新区直管区一般公共预算收入完成 63.3 亿元，同口径增长 36.4%；一般公共预算支出完成 82.1 亿元，增长 13.6%。

2018 年，成都高新区一般公共预算收入完成 187.3 亿元，同口径增长 11.1%；一般公共预算支出完成 187.2 亿元，同口径增长 6.3%。

表 4.3 **2018 年成都市地方政府一般债务、专项债务余额情况表**

2018 年成都市地方政府一般债务余额情况表	
项　　目	金额（单位：亿元）
一、2017 年末地方政府一般债务余额	967.2
二、2018 年地方政府一般债务举借额	143
三、2018 年或有债务转化额	0.4
四、2018 年地方政府一般债务还本额	172.8
五、2018 年末地方政府一般债务余额	937.8

续表

2018 年成都市地方政府专项债务余额情况表	
项　　目	金额（单位：亿元）
一、2017 年末地方政府专项债务余额	1363
二、2018 年地方政府专项债务举借额	388.4
三、2018 年或有债务转化额	0.02
四、2018 年地方政府专项债务还本额	239.6
五、2018 年末地方政府专项债务余额	1511.8

资料来源：作者根据网上公开信息整理。

3. 2018 年成都各区县生产总值、债务余额及限额

表 4.4　　**2018 年成都各区县生产总值**

地区名称	生产总值（亿元）	同比±%
成都天府新区	429.1	12.1
成都高新区	1877.75	9.6
锦江区	1034.77	7.2
青羊区	1190.09	7.2
金牛区	1196.94	7.8
武侯区	1091.37	7.6
成华区	948.92	8.5
龙泉驿区	1302.78	6.8
青白江区	475.05	10.5
新都区	799.2	8.9
温江区	545	8.8
双流区	829.44	8.4
郫都区	580.22	7.8
简阳市	453.83	8.3
都江堰市	384.8	7.7
彭州市	411.63	−1.8
邛崃市	298.68	10.8

续表

地区名称	生产总值（亿元）	同比±%
崇州市	339.99	10.6
金堂县	424.07	10.5
新津县	337.41	10.3
大邑县	260.12	10.2
蒲江县	151.85	10.3

资料来源：成都统计公众信息网《2018年12月综合月报》。

表4.5 **2018年成都各区县债务余额及限额**

地区名称	一般债务余额	一般债务限额（亿元）	专项债务余额（亿元）	专项债务限额（亿元）
成都市本级	388.1	418	565.4	613.8
成都天府新区	31.1	33.1	141.7	220.1
成都高新区	15	15	46.6	58.7
锦江区	18.5	20.4	0.6	0.6
青羊区	4.1	4.1	9.6	16.8
金牛区	14	15.1	13.4	15.8
武侯区	27	34	1.5	1.5
成华区	5	5.2	21.4	24.2
龙泉驿区	62.4	65.2	73.7	77.6
青白江区	17.4	20.1	31.6	36
新都区	11.2	12.9	57.4	57.5
温江区	17.6	20.3	80.5	81.8
双流区	8.9	10.2	118.9	160.3
郫都区	36.2	38.6	56.2	70.7
简阳市	34	47	45.2	59.6
都江堰市	57.6	66.3	99.1	118.9
彭州市	35.5	37.1	25.4	26.3
邛崃市	22.8	28.4	24.4	24.4
崇州市	32.6	35.2	13.6	14.6

续表

地区名称	一般债务余额	一般债务限额（亿元）	专项债务余额（亿元）	专项债务限额（亿元）
金堂县	33.6	35.6	33	35.6
新津县	23.1	24.2	21.2	25.6
大邑县	29.2	32.4	10.9	14.9
蒲江县	13	13	20.5	20.6

资料来源：作者根据网上公开信息整理。

第一标准：更高的行政级别

所有的区县同属于成都下辖，是不是代表大家都拥有同样的市场信用呢？很明显不是，在关于成都基建信托投资时我给投资者的建议是将所有区县分为四个信用等级，择优而选。

第一梯队：高新区、天府新区

第二梯队：核心老城区：武侯、金牛、青羊等

第三梯队：青白江、温江、新都等远城郊区

第四梯队：金堂县、简阳市等财政独立核算县级市等

在我国政府财务体系中，像武侯，金牛等市直接管辖区的财政并不是独立的，而是在整个市级机关手中统一管理及协调。但是县却是完全财政独立，这也意味着上级市并无直接责任对其财政负责。所以我们在投资这些县的基建类信托时，只能独立考虑本县的财政状况，而不能指望其上级成都市会为其买单。这也是很多尽调报告中希望给投资者带来的误导，在介绍相关项目时总要强调成都。从实际情况看虽然有一定联系，但是没有直接关联，不应该作为投资的依据。

第二标准：与地方政府保持更紧密的平台

(1) 相关公司的股东背景，基建类信托的融资公司从实际的经营状况来讲根本不具备放贷条件，无论是银行、信托还是金融租赁公司，都是看在其背后隐含的政府信用。这种信用首先就需要在股东背景上体现，通常情况下这些公司的股份最好 90%以上是地方国资委或财政局持股。股份占比每低一个百分比，信用就下降一定比例。同时直接持股的一级子公司比多级交叉持股的公司要更优质。

(2) 相关公司对应的应收账款性质，对应的最好是地方财政局，比例越高越好。因为这代表着相关公司从事的业务都是地方基建业务，与地方财政捆

绑度更高、更直接。

（3）相关公司的主要业务内容，地方正规城投平台的业务主要是为地方修桥、修路、棚改等基础设施的建设。如果发现相关公司的主营业务不是这些内容，那么我们就要注意相关风险了。

（4）最重要的是一定要在地方政府融资平台名单上。每个地方都会公布担任地方融资功能的城投类公司名单，如果在名单内，出现违约情况，地方必然是要出手的。但是不在名单内的公司，从法理上来讲是完全的独立经营个体，经营风险是完全自担的。

第三标准：更高强度的房地产市场基础

（1）房地产市场决定了地方政府的财政收入，地方财政收入包括三个部分，一般性财政收入主要组成是税费。第二个是地方政府基金，主要构成是卖地收入。第三部分是上级政府下拨的财政补助资金。这三部分中房地产是决定因素，在部分地区占比超过60%，房地产市场的强势、稳定可以让地方财政有更好的调配能力。这也代表着地方有更多的财力去支付相应的基建费用，城投公司的现金流状况也能得到极大改善。

（2）更加平稳的房地产市场，意味着土地价值更高。城投公司的资产超过80%都是地方注入的土地资产，账上的现金流占比少得可怜，运作的资金也基本靠到各大金融机构进行融资。账面价值的质量是由土地质量所决定，一个地方的房地产状况也是土地价值最大决定因素。

（3）更加繁荣的房地产市场，意味着地方经济活力更强劲。房产的价格发展趋势的决定因素是这个地方的经济发展状况，反过来讲当一个地方房地产市场处于持续产销两旺，交易活跃时，也反映了这个地方的经济发展状况不错。

综上所述，更高强度的房地产市场对于我们投资一个基建类信托是有意义的，所以当你准备投资一款基建类信托产品时，最好先上网查查所在地区近几年的房地产市场状况。

相较于成都的一些新并入区域，成都的核心城区在经济与财政增速上是没有任何优势的，可是在最核心的一环房地产市场强度上，无疑核心城区是有先天优势的。

4.5 贵州省基建类信托分析

1. 贵州省GDP、增速情况、在全国排名情况

经核算，2018年贵州全省地区生产总值14806.45亿元，比上年增长

9.1%，增速高于全国（6.6%）2.5 个百分点，连续 8 年位居全国前列。其中，第一产业增加值 2159.54 亿元，比上年增长 6.9%；第二产业增加值 5755.54 亿元，增长 9.5%；第三产业增加值 6891.37 亿元，增长 9.5%。人均地区生产总值达到 41244 元，比上年增加 3288 元。不过从 GDP 排名来看，贵州仅排名全国第 25。

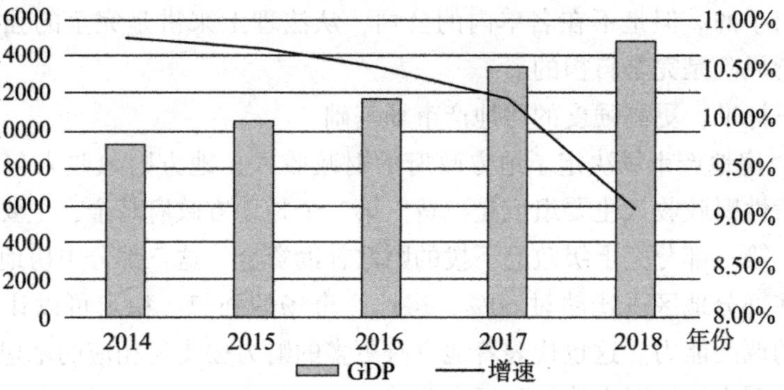

图 4.3　2014—2018 年贵州 GDP 及增速情况

表 4.6　**31 省份 2018 年 GDP（单位：亿元）**

序列	名称	GDP（亿元）	序列	名称	GDP（亿元）
1	广东省	97277.77	13	安徽省	30006.82
2	江苏省	92595.4	14	辽宁省	25315.35
3	山东省	76469.67	15	陕西省	24438.32
4	浙江省	56197.15	16	江西省	21984.78
5	河南省	48055.86	17	重庆市	20363.19
6	四川省	40678.13	18	广西壮族自治区	20352.51
7	湖北省	39366.55	19	天津市	18809.64
8	湖南省	36425.78	20	云南省	177881.12
9	河北省	36010.27	21	内蒙古自治区	17289.22
10	福建省	35804.04	22	山西省	16818.11
11	上海市	32679.87	23	黑龙江省	16361.62
12	北京市	30319.98	24	吉林省	15074.62

续表

序列	名称	GDP（亿元）	序列	名称	GDP（亿元）
25	贵州省	14806.45	29	宁夏回族自治区	3705.18
26	新疆维吾尔自治区	12199.08	30	青海省	2865.23
27	甘肃省	8246.07	31	西藏自治区	1477.63
28	海南省	4832.05			

资料来源；作者根据网上公开信息整理。

2. 贵州省一般公共预算收入及增速情况

财政收入，被视为地方经济实力的晴雨表，备受市场关注。最能够反映地方经济整体情况的是地方一般公共预算收入。贵州省 2018 年一般公共预算收入 1726.8 亿元，排名全国第 22 位。

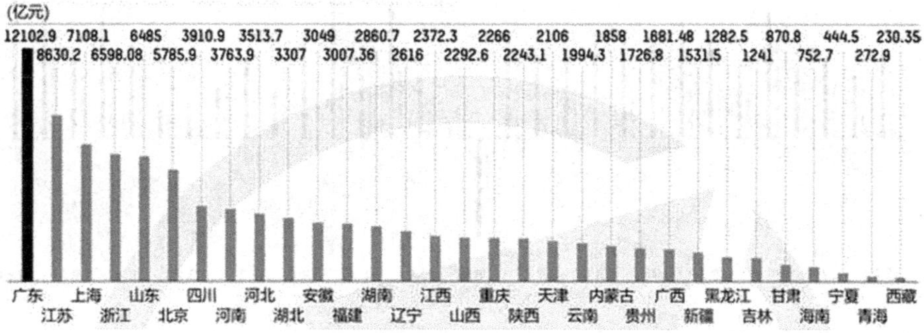

图 4.4　各省份一般公共预算收入排行

2018 年财政收入增速方面，贵州省为 7%，和上海持平。

3. 贵州省各市州 GDP

表 4.7　**2018 年贵州各市州 GDP 排行榜**

排名	名称	地区生产总值（亿元）	增速（%）
1	贵阳	3798.45	9.9
2	遵义	3000.23	10.4
3	毕节	1921.43	10.2

续表

排名	名称	地区生产总值（亿元）	增速（%）
4	六盘水市	1525. 69	8. 8
5	黔南州	1313. 46	10. 8
6	黔西南州	1163. 77	12
7	铜仁市	1066. 52	9. 6
8	黔东南州	1036. 62	7. 9
9	安顺市	849. 4	10. 3

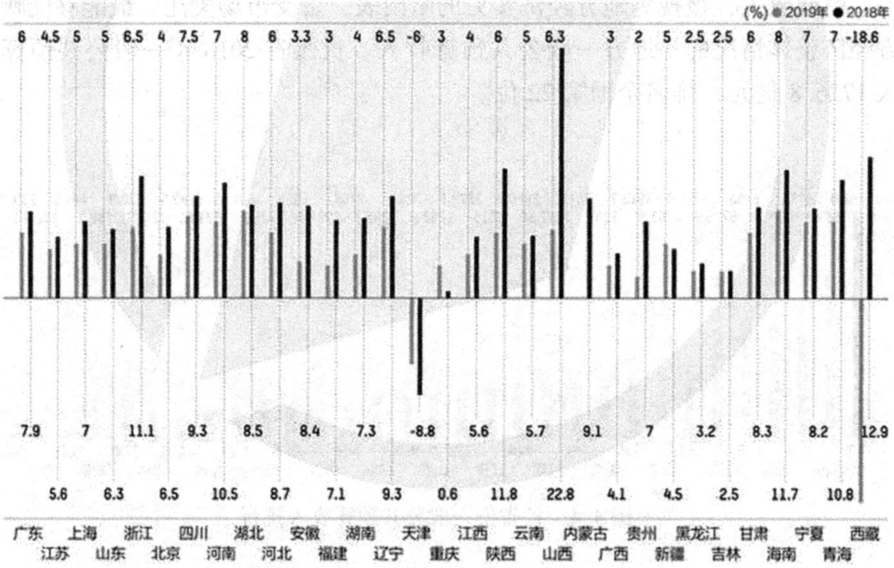

资料来源：第一财经根据各省份预算报告、政府工作报告、财政收支数据整理。

图 4. 5　2018 年一般公共预算收入增速及 2019 年收入预期增速

4. 贵州政信违约有哪些特点

从行政区划上来说，贵州省政信融资呈现以下几个特点：

①此次共收集到了 41 个包括地级市、县级市和县级进行了政信信托/资管/私募基金融资的区域，其中出现过违约传闻的有黔东南州、黔南州、六盘水市、凯里市、都匀市、松桃县、余庆县、独山县、三都县、榕江县、从江县、水城县、盘州市等 13 个区域；其他 28 个市和县的项目尚在正常兑付。

②违约与否与行政级别关系密切。已经违约的项目主要以县级和县级市为

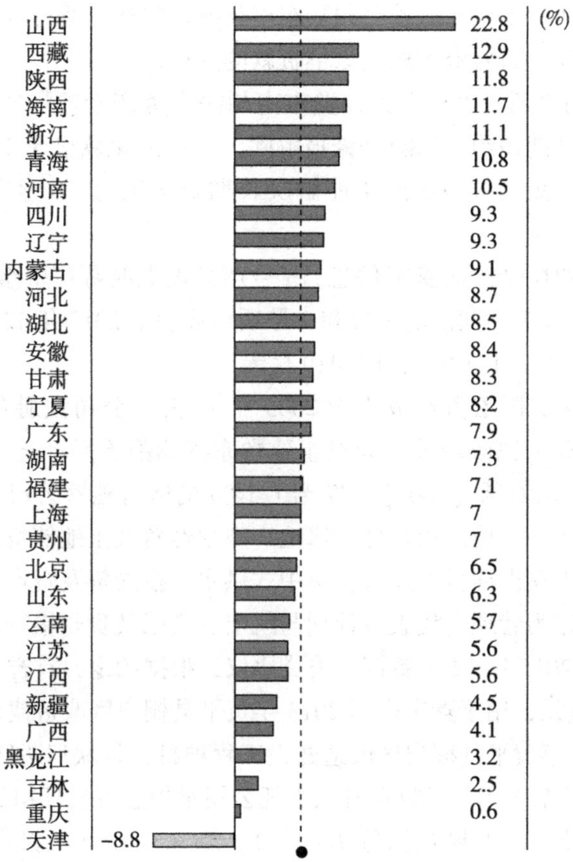

图 4.6 2018 年 31 省份财政收入增速排行榜

主，地级市较少。

③违约与否与融资体量关系密切。其实 41 个融资区域中，多数地区还是发两轮还了再发；而少数“网红区”项目一直滚动发行，融资体量严重高于经济造血能力，这些网红区违约的概率也就更高。不过也有例外，如毕节市。

5. 贵州城投违约案例

违约案例一：黔东南州某城投（棚改项目）违约①

“首誉光控黔东南州凯宏资产专项资产管理计划 3 号”的资管计划对应委

① 《贵州某城投棚改项目又双叒叕违约了!》，《21 世纪经济报道》2018 年 7 月 16 日。

托贷款本金及相应利息，截至合同约定的收益分配截止日期 2018 年 7 月 13 日，借款人贵州黔东南州城投公司黔东南州凯宏资产运营有限责任公司未按合同约定足额偿还，凯宏资产构成该笔贷款的逾期。

此前，7 月 9 日，“首誉光控黔东南州凯宏资产专项资产管理计划 1 号”即被爆出部分逾期违约，但随后警报解除，该产品尾款已于 7 月 12 日兑付到位。现在看在，短期警报解除未能解决长期资金压力，3 号产品继续逾期违约。

根据基金业协会产品备案信息，3 号产品设立时募集资金 4670 万元，成立时有 26 位投资者。此前的 1 号和 2 号项目分别于 2015 年 12 月 29 日和 2016 年 1 月 12 日募集 1. 472 亿元和 1. 419 亿元。

作为融资方，凯宏资产成立于 2005 年 12 月，公司注册资本 3 亿元人民币，系根据《州人民政府关于同意组建黔东南州凯宏资产运营有限责任公司的批复》（黔东南府函〔2005〕127 号）设立的国有独资公司，主要从事州级行政事业单位房产、地产的管理、房地产产权经营及土地储备；国有资金产管理服务，州重大建设项目的投资，集中式供水，投融资及资本运营等业务。

首誉光控作为管理人代表该计划与凯宏资产以及贵州银行股份有限公司凯里迎宾支行于 2015 年 12 月签订了委贷协议，根据约定，首誉光控向借款人发放贷款 8060 万元，用于黔东南州 2013 年黄平县棚户区改造建设工程项目以及黔东南州 2014 年黄平县棚户区改造建设工程项目，贷款到期日为 2018 年 7 月 1 日，保证人黔东南州开发投资有限责任公司承担连带责任担保。

1 号和 3 号产品的风控措施为：（1）黔东南州开发投资有限责任公司（AA/东方金诚）为凯宏资产在本次贷款项下的还款义务提供无限连带责任担保；（2）黔东南州人民政府出具承诺函，承诺在到期将由州人民政府协调安排资金用于归还本次贷款。

根据公开信息，作为政信类项目，借款方凯宏资产，东方金诚给予主体评级 AA，大公共计给予主体评级 AA-。在债券市场上，存续债券为“12 黔东南债”和“16 凯宏专项债”，债券余额分别为 2. 8 亿元和 14 亿元，均为企业债。

根据主承中泰证券的“2017 年度履约情况及偿债能力分析报告”，公司 2016 年度和 2017 年度分别实现营业收入 24. 32 亿元和 23. 21 亿元，分别实现净利润 5. 05 亿元和 2. 87 亿元，2016 年度和 2017 年度经营活动产生的净现金分别为-17. 46 亿元和-2. 17 亿元，2016 年度和 2017 年度投资活动产生的净现金流分别为-1. 53 亿元和-10. 32 亿元，现金流主要靠筹资活动撑着。从经营情况和财务状况来看，黔东南州开发投资有限责任公司城投属性明显。公司今年在4月30日前未能如期披露年报，6月29日才披露，目前未见2018年度跟踪评级报告。

而担保人黔东南州开发投资有限责任公司也曾在债市发债，目前存量债券余额为10.3亿元，也均为企业债。巧的是，他也同样未能如期披露年报，也因此未见其2018年度评级跟踪报告。

违约案例二：贵州凯里棚改项目资金违约，中泰信托“踩雷”①

时隔半年后，贵州黔东南州又有一棚改项目违约。

2019年4月2日，中泰信托旗下一款信托产品发生逾期，融资方为贵州凯里开元城市投资开发有限责任公司。

据悉，该款产品名为“中泰·贵州凯里项目贷款集合资金信托计划”，是2016年底发行的，发行10期，共约4.5亿元。产品收益分为3档，100万~300万元收益率为6.8%/年，300万~2000万元，收益率为7.0%/年，超过2000万元，收益率可协商。

产品公告信息显示，由于短期流动性困难，融资方贵州凯里开元城投未能按约足额支付2019年2月10日到期的第八期、2019年3月7日到期的第九期档期贷款本息，合计2.25亿元。截至3月11日，该信托计划专户余额为598.2万元，不足以支付到期全部受益人的信托利益。

经翻阅产品成立公告发现，中泰贵州凯里信托第九期占了整个信托计划的资金金额大头，第九期的委托人构成为2个自然人和2个机构投资者，投资金额分别为640万元和2亿元。另据第十期产品成立公告获悉，第十期共募集金额2080万元，按照本应于3月14日到期日推算，目前已有第八、第九、第十期共3期产品逾期，涉及金额约2.46亿元。

产品信息显示，中泰贵州凯里信托项目的资金用于向凯里开元城投发放委托贷款，最终用于贵州凯里市棚户区改造工程白午安置房项目。

风控措施上，担保方黔东南州凯宏资产运营有限责任公司（现名为黔东南州凯宏城市投资运营（集团）有限责任公司）为黔东南州国资局独资企业。截至2015年末，凯宏资产的资产总计264.72亿元，负债合计100.01亿元，公司资产负债率为37.78%。2015年公司实现主营业务收入17.66亿元，净利润4.52亿元。凯宏资产已发行企业债7亿元，东方金诚给予凯宏资产主体评级AA级、债券评级AA级。此外，凯里市人民政府提供政府支持性文件，承诺凯里市人民政府将协调安排还款资金保障信托计划兑付。

---

① 《贵州凯里棚改项目资金违约，中泰信托“踩雷”》，《界面》2019年4月3日。

作为融资方，凯里开元城投成立于 2010 年 5 月，注册资本 2 亿元，是黔东南州范围内国有全资的一家融资平台公司，主要行使政府授权范围内的城建资产投资主体的职能。截至 2015 年年末，凯里开元城投总资产 144 亿元，总负债 38 亿元，资产负债率为 26.38%。2015 年实现营业收入 10.19 亿元，净利润 3.61 亿元。2015 年公司发行债券 7 亿元，联合资信评估公司给予综合评级 AA 级、债券评级 AA 级。

2018 年 7 月 11 日，凯宏资产作为融资人的一款基金子公司产品发生逾期。产品是由中邮基金子公司——首誉光控担任管理人设立的一对多专户产品，通过贵州银行凯里迎宾支行向借款人黔东南州凯宏资产运营有限责任公司发放委托贷款，最终用于黔东南州政府下属的棚户区改造项目的建设。新闻报道后，该产品火速兑付到位，短期警报解除。

违约案例三：贵州松桃最大国资平台违约 中信信托坚称“未发现异常”①

近日，媒体报道称，贵州省铜仁市松桃县全资控股的武陵山投资经营(集团) 有限公司挪用松桃医院租赁贷款，并对两家私募基金构成借款违约。

值得注意的是，铜仁武投在募集资金时，曾出具了业内俗称的“担保三件套”，即政府承诺函、财政承诺函与人大决议。这 3 份文件历来被信托业视作政信项目刚兑的最后保障。

经梳理铜仁武投公司融资情况后发现，除众多租赁公司、贵州本地银行与私募基金外，中江信托、中信信托、光大兴陇信托也身涉其中，且业务发生时间点均集中于 2017 年初。

事实上，除银行信托私募等传统融资渠道以外，2016 年以来，松桃县及其下平台曾试图多方开拓融资渠道，包括金交所定向融资计划、互联网金融平台等；甚至，部分期货公司资管子公司也裹挟其中。

案例总结：相信很多人在抖音上看过展示贵州桥梁工程的短视频，目前贵州在互联网上有一个说法——世界桥梁博物馆。同时做建筑工程行业的人肯定都听过“金桥银路”，是指桥梁修建是最赚钱的项目。那么反过来讲贵州是地无三尺平，喀斯特地貌基础设施建设费用巨大，能产生的经济效益也很有限。近十年贵州经济增速从表面看稳居全国前十，可是同时也意味着地方债务在迅速增加，目前贵州地方整体财务状况只能用危机四伏来形容，因为它符合我们所说的基建类信托危险信号的所有特征：（1）地区大面积借用信托进行融资，

① 《贵州松桃最大国资平台违约 中信信托坚称“未发现异常”》，《中国经营报》2018 年 9 月 15 日。

收益率奇高。(2) 除了信托这种在安全边际线的金融机构以下以外，还出现了大量的下级放贷机构，这说明其财务状况已经失控。(3) 目前信托的还款方式完全采取借新还旧，并无产出。(4) 地方财政与地方债务比完全失控，入不敷出。(5) 出现大量与地方捆绑并不紧密的平台出来融资，相互担保，又相互失信等。(6) 项目的风控措施中，无论是应收账款还是土地，根本没有流通性，只能一再展期。

基建类信托是不符合基本金融规律的存在，是中国特色的经济体制产生的一种存在，其内在的运行规律是遵循中国地方土地财税体系，官员仕途，经济发展，历史经验的混合。当一个地方举债发展，财税稳步增长，土地收入持续增长时就会形成良性循环，投资这样的基建类信托可能是最安全的。反之则会出现贵州这种情况，要知道在法理上，投资者并没有法律保障。所以投资基建类信托最重要的还是两条：好的区位，与政信捆绑密切的地方融资平台。

第5章　房地产信托分析

房地产类信托以投资期限短、收益相对较高、贷款方知名度高、项目运作模式易判断等优点占据了目前信托投资品种中的头把交椅。但是同时房地产信托却在部分投资者眼里是高风险品种，因为房地产商通过高杠杆的资金运作方式，借取信托资金进行房地产开发，赚取高额利润的同时也意味着其无法承担房价带来的巨大波动。其实两方都是有道理的，房地产信托的关键还是房价未来的走势，因为这直接决定了“借鸡生蛋”的模式是否能够走得通。

5.1　房地产信托的商业模式：“借鸡生蛋”解析

一、重新认识房地产开发商，其并不是一个建筑公司，而是一个资金密集型的金融公司

1. 房地产开发商最在乎的指标为什么是“周转率”

高周转，即业内俗称的“不压货”：拿了地，快开工，快销售，快速回笼资金后再投资。主要是指房地产企业在楼市流动性收紧的情况下，以快速开工、销售的方式提高资金利用效率。

碧桂园不是高周转模式的最先使用者，却把这种模式发挥到了极致。10多年前，万科曾奉行“5986”高周转模式，碧桂园则予以传承。碧桂园的高周转被业内称为“456”模式，即拿地4个月开盘，5个月资金回笼，6个月资金再周转。根据碧桂园今年流传的内部文件，碧桂园已意图把开盘工期压缩到3个月，“开盘工期≤3个月，奖励20万元；开盘工期在3~4个月，奖励10万元”。

我们可以看到以碧桂园为代表的房地产开发商是视周转率为生命线的，道

理解释起来也非常简单。假如我有10亿元，按"432"标准开发，也就是说我大概可以开发一个35亿元左右的楼盘，其余七成资金大概25亿元都需要贷款，这意味着这部分资金是需要付出高额利息的。按碧桂园的"456"模式，我的10亿元一年之内可以做两个项目。从某种角度上看这10亿元一年所承担的利息相当于降了一半，10亿元做了70亿元的生意。

好房子跟这个政策很明显是不对称的，开发商从宏观上做项目规划时，并不是以房子本身为出发点，而是在于资金的运用上。

2. 中国排名前12的房地产开发商的营业收入、归母净利润、资产负债率等情况（见表5.1）

表5.1

序号	2018年度	营业总收入（亿元）	归母净利润（亿元）	资产负债率（亿元）	现金及现金等价物的期末余额（亿元）	销售金额（亿元）
1	中国恒大	4661.96	373.9	83.584	1293.64	6002.1
2	万科	2977	338	84.59	1757	6069.5
3	保利	1946	189	77.97	1131	4050
4	碧桂园	3790.79	346.18	89.3595	2283.43	7016.9
5	融创中国	1247.46	165.57	89.799	761.81	4600
6	中海地产（中国海外发展）	1502.34	393.42	59.5216	842.08	2621.3
7	绿地控股	3487	114	89.49	697	3680
8	华润置地	1211.89	242.38	53.0616	692.46	2106
9	绿城控股	603.03	10.03	78.5108	433.47	1563.7
10	龙湖集团	1157.98	162.37	72.2189	450.83	2006.7
11	新城控股	541	105	84.57	400.1	2204.2
12	招商蛇口	883	152	74.28	573.3	1680.8

资料来源：作者根据各上市公司年报整理。

3. 房地产商非常看中的指标“去化率”（见表 5.2）

表 5.2　全国部分大中城市库存量数据分析（套数：万套，面积：万平方米）

地理区域	城市名称	指标	2019/8/8	环比	同比	前 6 个月周均成交量（面积）	去化周期（面积）
合计		套数	41.43	0.63%	10.86%	164.16	29.95
		面积	5213.85	1.10%	7.60%		
一线城市		套数	21.61	−1.54%	15.58%	69	38.6
		面积	2663.43	−1.11%	15.95%		
二线城市		套数	16.71	3.92%	10.69%	79.58	22.49
		面积	2087.09	4.56%	3.34%		
三线城市		套数	3.1	−1.05%	−13.16%	15.58	29.74
		面积	463.33	−0.94	−12.41%		

注：一线城市包括：北京、上海、广州、深圳，合计 4 个城市；二线城市包括：杭州、南京、福州、南昌、苏州、宁波、厦门，合计 7 个城市；三线城市包括：惠州、九江、江阴、莆田，合计 4 个城市。

资料来源：《房地产行业周报：地产信托规模缩减，海外发债成本上升》，中泰证券，2019 年 8 月 10 日。

4. 房地产中的“贵族”万科新任总经理的职业属性

万科目前虽然规模不是行业第一，但是行业真正的头马无出其右，这家公司的任何战略动作都对行业具有重大影响。我们可以看到近几年在“宝万之争”之后万科一系列的高管调整都是金融背景的人取代地产传统行业高管，这些从侧面说明了地产发展至今天，金融属性才是根本。

王石离开万科后，郁亮接替，紧接着祝九胜接任总经理，我们来看一下他的简历。

1969 年出生，现任公司总裁、首席执行官。1993 年获得中南财经大学（现中南财经政法大学）经济学硕士学位，2003 年获得中南财经政法大学经济学博士学位。1993 年至 2012 年祝先生在中国建设银行股份有限公司（上海证券交易所上市公司，股份代码：601939/联交所上市公司，股份代码：

0939）深圳市分行工作，历任福田支行副行长（主持工作）、分行信贷部总经理、公司部总经理、分行副行长等；2012 年加入万科，2012 年至 2015 年担任公司高级副总裁，2014 年担任万科全资附属企业深圳市万科财务顾问有限公司董事长，2016 年至 2018 年 1 月担任万科联营企业深圳市鹏鼎创盈金融信息服务股份有限公司董事长兼总经理，2018 年 1 月 31 日起任公司总裁、首席执行官。

2017 年 1 月 4 日万科高管团队调整中，一位东莞万科财务部经理出身的高管晋升引人注目，他就是原东莞万科总经理王海武。2015 年 6 月 17 日，时任东莞万科总经理的王海武升任集团副总裁；3 个月后，王海武接替莫军，成为万科成都区域首席执行官。

此次调整中，王海武掌管的成都区域已更名为中西部区域，他的职务也从副总裁晋升为高级副总裁，成为继万科北京区域本部首席执行官刘肖之后的又一位高级副总裁。

二、房地产行业具备利用高息贷杠杆的客观条件，这是其他任何实业所不具备的

1. 过去中国二十年的房地产牛市

在这一点上我无需列举任何数据去证明这一点，因为这是每个中国人都能感受到的事实。这其中有一个特别有趣的例子：2015 年武汉财富基石倒闭，背后的武汉华氏集团被判定非法集资，总计二十多人被捕。可是没有想到的是，经过三年多的资产处置，当初他们非法集资所盖的房地产项目虽然烂尾，但是这三年武汉的房价几乎翻倍。资产小组处理掉所有资产后，不但可以还掉所有受害者的本金，还赚了几个亿，最后这 26 人也全部判了缓刑！这从侧面反映了过去二十年中国楼市的状况就是产销两旺、房价疯涨！

2. 过去信托行业大发展时期都是银行紧缩对房地产开发的贷款

2003 年我国开始出台系统性政策调控过快上涨的房价，同时期银行也采取了针对房地产企业的银根紧缩政策。这个时候作为第二选择的信托公司，就部分替代了银行的工作，成为房地产企业主要的融资渠道。

3. 房地产行业的高利润率

2019 年最新公布的世界 500 强中，中国有 5 家房地产公司入选，而且也是唯一的 5 家房地产公司。中国房地产企业无论是从规模还是从企业利润来说都是世界上绝无仅有的（见表 5.3）。

表 5.3　　　　中国十大房地产商企业毛利率、净利率

序号	2018 年度	毛利率（%）	净利率（%）
1	中国恒大	36.2395	14.2745
2	万科	37.48	16.55
3	保利	32.48	13.44
4	碧桂园	27.0329	12.8052
5	融创中国	24.9596	13.9845
6	中海地产（中国海外发展）	37.7949	27.2377
7	绿地控股	15.2	6.38
8	华润置地	43.3882	22.508
9	绿城控股	22.8056	3.9389
10	龙湖集团	34.1357	18.0406

资料来源：作者根据公开信息整理。

4. 房地产开发模式特性与信托完美契合

房地产目前的游戏规则就是借鸡生蛋，用最少的本金运作最大量的资金，从而获取最高的利润。这里面就涉及一个关键词——杠杆！2018 年地产十强中有超过 8 家负债率都超过 80%，部分甚至高达 90%。这种局面造成的最直接结果就是缺钱，所以房地产业是目前社会主要行业门类中承受得了信托高息属性的唯一行业。而且房地产企业融资体量巨大，也足以让信托公司吃饱！所以近 15 年房地产信托是当之无愧的信托公司最大顾客，并且大中型开发商还款履约记录非常良好。

三、房地产商的如意算盘——实现房地产商与信托投资者的双赢局面

前文中我提过一个观点，房地产公司从实质上来讲是一个金融公司，玩的是资本，属于资金密集型企业。这里我们简单概述一下房地产商的如意算盘：(1) 通过自我和融资资金进行拿地。(2) 拿到地之后再到银行申请开发贷款。(3) 再用在建工程和企业信用进行融资，补充建设所需资金。(4) 通过卖楼还也就是期房还款。(5) 期房封顶到交房还有两年时间，拖到最后阶段再进行配套建设，这两年时间里至少有一年时间可以把预付款挪作他用。

虽然国家、银行对于房地产商的种种行为都有所限制，但是上有政策下有对策，很难真正约束。在这个流程中信托所扮演的角色有：

(1) 第一阶段：正常情况下，信托公司是不能参与的。但是不排除以房地产投资基金的形式、以股东方式帮助开发商拿地，然后再将地抵押给信托项目公司的情况。

(2) 第二阶段：当银行银根紧缩，开发商在银行拿不到款时，就会退而求其次把土地抵押给信托公司进行融资。当银行政策放松，将钱还给信托，解除质押后，再把土地抵押给银行，申请利息更低的银行开发贷。

(3) 第三阶段：当银行开发贷并不足以覆盖项目整个开发资金所需时，开发商会以在建工程作为抵押物向信托公司申请贷款，例如停车场、未完全主体等，通常这个时候信托公司还会要求房地产母公司为项目公司出具补足协议。

(4) 第四阶段：房地产商开始回款后还款顺序通常都是先还高息贷款，最后才还银行开发贷款，这一点不难理解。

(5) 第五阶段：与信托公司无关。

房地产信托是否能够实现双赢局面的关键是房地产开发商能不能顺利将楼盘以比较理想的速度卖出去。在这一点上信托公司有一个"432"标准，笔者为大家作一个解读和补充。

"432"标准：4 证齐全；30%的项目资金必须是房地产开发商自有资金，以防开发商在项目开发过程中使用过高的杠杆，最终导致抗风险能力低下，资金链断裂；2 级或以上的资质。

这个标准是银行衡量是否给开发商发放企业贷款的重要参考，这套评价标准自然也沿用到了信托公司的放贷标准中。但是客观地讲，这一套标准体系只是基本条件，并不能真正确保我们投资的房地产项目能够顺利实现双赢。在

2019 年年中，监管层最新要求房地产信托的资质问题是只能穿透一层，项目公司的上一级公司就需要有二级施工资质。这在过去的房地产运作中至少要穿透三层才能达到。这对于未来房地产信托不好理解的游戏规则重构有重要影响。

5.2　个人投资房地产信托过程中的六大标准

一、项目所在城市

城市是房地产的基础，对一个城市未来发展趋势的判断是房地产投资的第一步。判断一个城市发展趋势的核心是这个城市青年人口的增长趋势。在这里我举两个对比来说明个人的判断。

一线城市：北上广深的对比

北上广深是我国公认的一线城市，但是 2018 年人口趋势却大相径庭，北京与上海的常住人口都有不同程度的减少，而广州和深圳却继续大幅增长。这和四个城市的人口政策有比较大的关系，以北京为例，其在大力做减法，控制人口规模。所以北京房地产在过去两年多时间里总体表现平稳，二手房市场甚至出现了一定程度的下降。

判断一个城市房地产的走势首先需要判断这个城市未来的发展前景，人口增减趋势，因为买一个城市的房地产就相当于将自己大半生的资源、个人的未来都投资到这个城市中。一个城市房地产的长期走势是由这个城市的经济前途所决定的，经济的核心又是人口，除了人口的数量，还包括人口质量、青年创业人口数量等。

一线城市中，北京、上海未来的路是压量提质，短期楼市会出现一定程度的滞胀现象，但是从长期来看，当城市人口回落到临界点和城市调整结束，城市人口会显现出质量与数量双升的局面。

二线省会城市：郑州与沈阳

如果说一线城市的发展是前景比较明朗的，那么二线城市出现分化在近几年越发明显。在这里我举一个“风水轮流转”的例子。

河南省会郑州与辽宁省会沈阳，放在十年前，沈阳的经济状况、房价、人均收入等相较于郑州都有明显优势。而河南改革开放以来一直给人们的印象就是进城务工人员输出大省，经济状况一直以来给人的感觉都比较落后。但是近十年以来郑州借助省会地位、交通优势、人口优势，在确定中原地区唯一的国家中心城市后快速发展，目前从经济总量、房价、经济增速等多方面拉开了与沈阳的距离（见表5.4）。

表5.4 **郑州和沈阳简单对比**

对比项目	郑州	沈阳
2019年房价（元/m^2）	13747	9293
2011年房价（元/m^2）	6566	8105
涨幅	109.37%	14.66%
人口（万）	1013.6	831.6
2018年GDP（亿元）	10143.3	6292.4
同比增长	8.10%	5.40%
人均生产总值（亿元）	101349	75766

在这种分化中我们需要看到一个城市的长期经济发展趋势对房价的长远影响，当一个城市充满活力时，这个城市的房地产去化是有良好的保证的。就算项目失败，也会有其他开发商愿意承接土地与项目。尽量选择房地产市场比较明朗的城市，是选择房地产信托最基本的环节。

二、项目的性质

（1）普通居民住宅项目是唯一选择。我国房地产市场各类性质房屋非常多，但是销售确定性最强、价格趋势最明朗、流通性最好的就是普通居民住宅，所以房地产信托中我们自然优先考虑普通居民住宅性质，可是按照目前社会发展，这也有可能是唯一可选的。

（2）商普混合择优考虑。通常情况下一个大型楼盘不可能全部都是普通居民住宅，还需要有相应的商业配套，对于这种商普混合的常见项目我们需要遵循以下原则：

①普通居民住宅性质的房屋可售货值达到项目可售货值总量的65%以上，越高越好。

②商业性质别墅可售货值部分计提不超过30%，目前一二线城市已经停批别墅用地，所以一个大型社区中商业用地性质盖的别墅都是商业地产性质。这种房地产的销售去化不可测性非常大，所以通常我们需要做好其严重滞销的准备。

③只认可居民商业配套中临街部分，不认可格子铺和综合商业体部分，直

接计提零销售。过去业内流传一铺养三代，可是随着互联网和城市多中心化等因素的影响，目前商业综合体亏损率极高，所以这部分我们一定要提高警惕。

投资一款房地产信托的核心思想就是确定房地产开发商能够赚钱，回款自然也就不成问题，所以我们要以“老板”的思维来看这个项目，目前国内一线房地产开发商的净利润率在 20%~24%这个范围浮动。我们追求的商普混合项目在最坏的情况下，开发商也能够做到保本，达到这个标准才算是解答了“拿什么还钱”这个问题。

（3）尽量回避商业地产。国内商业地产近几年的销售极为不理想，开发商亏本，烂尾的概率非常高，原因简单概括为以下几条：

①互联网改变消费习惯。现代人生活节奏越来越快，互联网提供的服务也越来越方便，所以人们消费更多的是通过互联网完成，而非通过到实体店完成。这一点的趋势并没有减弱，而是在不断加强。

②城市多中心化。随着城市的不断发展，每个城市都通过建设多中心来分散人流，治理大城市病。这造成的一个客观现实就是商业分散，多中心则无中心，没有哪个商业综合体能够集聚大量的商业资源。这样对于商业项目而言，很难建立起所谓的优势来保证人流。

③商业综合体同质化严重。国内早已过了物质匮乏阶段，对于各类品牌的忠诚度也不像过去一样狂热，一个商业综合体也很难建立起独特优势。

④出行方式变化。评估公司在评估一个商业门面价值时，有一个非常核心的指标就是单位时间内，经过店面的人头数量，这也就是所谓的人流量。过去生活节奏慢，人们可以闲逛或采用步行时，对临街商业门店创造价值也有好处。但是现在人们出行基本是通过交通工具点对点的到达，甚至出门前已经通过互联网进行预约。

目前商业地产的项目，无论是写字楼、商业综合体，甚至是知名房地产商的地标性质的商业地产项目都不建议投资。因为信托投资所赚取利润不过是 8%左右的年化，没有必要参与到这种极大不确定性的类型中去。

三、项目销售前景

房地产信托最简单的说明就是借钱盖房子卖，房子好卖，开发商赚钱，我们也能够顺利拿到本息。除城市以外，影响房子销售的要素还有以下几点：

（1）地段。房子本身只是混凝土做的六面墙，是不断贬值的，真正有价值的是土地，所以房地产投资的核心是地段。一个好的房地产项目的核心就是好的地段，这是成败关键。

（2）限购区域。目前国内一二线城市基本有限购区域，这是评价地段好坏的一个必要条件，也就是说最好的地段一定是限购区域，但是限购区域并不一定是好地段。所以我们选择的房地产项目最好是在目标城市的限购区域。

（3）地铁。国内一二线城市都患有明显的大城市病，地铁成了一个必不可少的出行方式，地铁房也应运而生了。买房的过程中需要将地铁房划为必备条件，底线也是未来有清晰的地铁线路规划。

（4）其他配套。房地产的配套资源还有很多，例如教育资源配套、商业配套、小区环境配套等，这个要素也很重要，但是都有调整空间。

四、开发商的选择

1. 全国排名前30位的房地产开发商

房地产开发商的选择笔者把范围缩小到前30名，能够排进前30多的房地产商基本上符合以下几个条件：

①上市企业，财务数据更透明，消息面更为灵通。因为房地产行业是最为典型的重资本企业，只要能达到上市条件都会选择通过证券市场进行融资，所以上市成为必经之路。上市企业的好处在于有严格的财务披露义务，我们可以更好地了解企业的经营状况，减少管理者道德危机的风险。再则上市企业有更高的曝光度，一旦有什么消息会快速传播，股价的波动也能帮助了解职业投资者对相关企业发展的看法。

②全国性房地产开发商，资本运作更规范。能够排进全国前30名，基本上是全国性的房地产企业，而不是靠一个地方的“权力”或者其他因素发展而来。企业资本运作能力更强、更规范，经营自然也更稳定。

③综合实力更强，有一定品牌加成。排名前30名的房地产企业在品牌信誉上还是有很明显的优势，同一区域的房地产去化率和溢价率的指标都要明显优于中小开发商。

④再融资能力更强。排名前30名这个标准并非笔者自己想出来，而是信托公司在选择项目时的一条软性标准，在资金面比较紧张时只有排名前30名的房地产企业才能在信托公司拿到资金。还钱的方式只有两种——赚钱还本还息、借新还旧，排名前30名的房企的融资能力明显要强于排位靠后的企业，这是一道槛，虽然不是明文，但是确实存在。

2. 大型央企与国企

房地产企业中有一类特殊的存在就是央企下辖的房地产公司，因为近几年聚焦主业的政策，部分后进房地产央企从业务总量上看未必能排名靠前。但是树大好乘凉，央企身份让其有更多的融资便利，正常情况下它们不愿意通过信托进行融资，因为成本过高，但是少数情况下这些企业也会考虑信托。对于这类企业的地产信托，笔者持推荐态度，这是国情决定的。

3. 上市公司股价的长期走势必须强劲

通常笔者只建议投资上市房企的信托，前文已经有所说明。既然上市，股价就会有波动，从这一方面讲我们需要保持足够的关注。股价是通过真金白银的交易来完成的，说明了资本、投资者对于相关公司的看法。剔除掉短期波动，我们不难发现发展状况较好的房地产企业股价能保持长期强势，而出过“幺蛾子”的房企，其股价往往都会提前有所反映。

五、抵押物达标

(1) 普通居民住宅抵押优先。正常房地产企业的融资选择是拿到土地后，将土地抵押给银行，拿到开发贷进行房地产开发。如果后期还有资金缺口再通过信托进行融资，这时项目土地已经抵押给了银行，那么就只能通过在建住宅进行抵押获取资金，如果以居民住宅或是其他项目住宅做抵押，这都是可以接受的抵押物。

(2) 普通居民住宅用地优先。有时候即使是以一二线强城市土地也未必能在银行拿到开发贷，这时开发商就会直接将土地抵押给信托公司来换取资金。一二线强城市的普通居民住宅土地是我们能接受的抵押物，但是在这之前我们最好搞清楚为什么银行不接。

①不符合“432”标准。即使拥有高价值土地，如果不符合银行的“432”标准，那么也不可能拿到开发贷。同样，我们在投资一个信托项目时一样要遵循最基本的游戏规则，无论是“432”标准中的哪一条都是信托公司所坚持的。

②银根收紧，受政策所限。这一条是我们能够接受的，甚至是所期待的。2018 年银根紧缩，大量的优质房地产项目通过信托进行融资，这是因为银行没有钱。这时大量的优质房企退而求其次选择信托渠道，这时反而是我们拿到优质房地产信托的好时期。反而是 2016 年左右当时闹“资产荒”时的信托项

目收益低、风险高，紧接着在2018年前后出现大量风险事件。这种反周期的原因很简单，信托是借贷渠道中的“替补”，主力不“受伤”或是表现不好，是没有它什么事情的。

③土地性质和所有权存在问题。从银行贷不到钱最致命的原因就是土地本身有问题，所以我们首先要确认土地获取渠道，通过政府拍卖是最简单、最直接的。如果不是，我们一定要仔细确认土地是普通居民住宅性质、占比等。

（3）商业性质用地选择性折算。目前纯商业性质用地，除了CBD以外，金融机构都是回避的态度，所以以此为抵押物通常情况下笔者不建议采用。即使土地地段非常好，我们也要采取折上折的态度去核算，因为信托公司的估值通常有很大水分，打五折是最小比例。更何况如果一旦爆雷，流通性将成为最大的问题。

（4）其他足值易变现资产。房地产信托通常情况下都是围绕土地来进行抵押贷款，但是不排除其他特殊情况或是抵押物。像股票、股权抵押直接归0，不接受，因为这类资产的价格是波动的，并且一旦债务违约，股票和股权也意味着成为负资产。

六、时机的选择

房地产具有金融投资属性，所以价格是不断波动的，对于购买房地产信托而言，时机的选择是非常重要的，最理想的情况是信托兑付年正好是房地产价格周期上行阶段，因为在这一阶段房子供不应求，房企资金链充沛。

目前我国房地产价格已经快速增长了15年，房地产走势进入一个分化时期，并且房地产税的出台也只是时间问题。所以未来对于购买房地产信托一定要选择好时机，这里需要强调的是期限为一年的房地产信托，我们重点关注半年后的房价，两年期则是一年后的房价走势。目前房地产前十五强在一二线城市的房地产去化平均时间为3~6个月。

投资房地产信托从本质上来讲和买房并没有两样，所需要考虑的因素非常接近，城市、品牌、地段、配套等。但是两者之间稍有一些区别，这是我们需注意的。

5.3 房地产信托的投资特点分析

（1）强周期性，对于房地产公司而言，信托属于高息贷款，所以融资能力强的房地产公司是不愿意长期使用信托资金的。这一点也是为什么我们看到房地产信托推介中经常会出现一句话——满半年可提前结束。这也决定了房地产信托的第一个周期——信贷周期。当信贷由紧转松时，房地产信托总体时间短，兑付情况较为理想。

房地产信托的还款来源是房地产销售收入，当房价整体处于上涨周期，房地产去化周期短，那么信托运转也更加短平快。

（2）重金融属性。房地产信托是一款金融借贷产品，所以内在的金融逻辑非常强。例如，房地产公司永远都是优先还信托欠款，然后才是银行开发贷，因为信托借款利息更高。有时同一个项目，在不同信托公司拿到的利息不同，这是因为信托公司融资能力的强弱也决定了信托公司能在其中赚得多少息差。

（3）透明性。相较于其他类型的信托，房地产信托是目前透明度最高的品种。体现在：①资金用途明确。房地产信托资金通常都是直接用于具体房地产项目的建设，而且信托公司在项目公司话语权非常大，可以全程参与资金的使用与回收。②还款来源明确，可预测。售房款是最主要和最直接的还款来源，房地产的销售情况是非常透明可查的。③项目可以实地考察。每一个楼盘的地理位置都是客观存在的，投资者完全可以到实地考察一下，比如从周边楼盘情况、三方中介处就可以很快了解到相关情况。所以房地产信托是透明度最高的信托类型。

（4）明股实债。这是 2019 年 6 月前最常见的房地产信托形式，这种形式名义上信托资金是通过股东的身份进入项目，但是因为两个条款的存在，实际上信托资金是以债务人的身份进入项目。条款一：房地产母公司的差额补足担保，也就是说项目出现资金链断裂的情况下，母公司就要承担还款责任。条款二：大股东回购义务，即项目正常运转，信托资金不是通过分红的形式退出，而是由大股东购买股权的形式进行退出。

房地产公司使用这种方式的核心原因是为了美化财务数据，因为股东出资的形式不会让信托资金记入债务选项，这对于资金密集型的房地产公司非常重要。较低的杠杆率有利于其向银行借款，也有利于股价。而近两年恒大、融创这种房地产信托最大户的实控人都向市场承诺降低杠杆率。

（5）房地产投资基金。这是和房地产信托不同性质的存在（见表 5.5），并不属于房地产信托，因为有以下区别：

表 5.5 **地产基金举例**

发行方	保 利 资 本
预期收益	30%
发行规模	15 亿元左右
发行时限	3 年
产品性质	房地产股权投资基金
项目简介	保利广州市白云区三元里项目，70%普通居民住宅项目，30%商业。项目股权让度额度 12.5%，保利过往项目年利润率超过 20%

①资金性质不同。房地产信托是明股实债，不用真正承担项目的盈亏后果，收益确定。但是房地产基金则是真正以股东身份进入相关项目，需要承担相关股东责任，自负盈亏。这里需要提醒的一点是房地产基金承诺的收益是预期收益，只可能低不可能高。这是因为中间的资金运作是通过金融机构，当项目赚钱时，它们只会给予预期收益，中间的差价则成为它们的利润。

②发行主体不同。房地产投资基金的发售有时候是通过信托公司直接发行，信托公司作为管理方，但是更多的时候是通过通道产品。例如，保利地产的某款房地产基金就是通过保利资本，然后其再通过信托公司发行，真正的资金负责方是保利资本，信托公司本身并不承担资金管理职责。

③运作模式不同。地产基金往往资金池规模非常大，少的都在 20 亿元以上，多的甚至为上百亿元。如此大的资金规模，一个房地产项目有时是很难吃下去的，所以部分地产基金也会通过分散投资的方式有效利用资金和分散风险。这和房地产信托通常一个项目一款产品是有本质区别的。

补偿机制：通过以上分析我们不难看出房地产基金明显要比房地产信托差，所以为了弥补融资竞争力上的差距，通常房地产基金在其他方面会给予更好的条件。

（1）更好的开发商资质。近五年房地产信托发行总量中占比最高的三家房地产公司分别是恒大、融创、世茂，它们都是房地产公司中排名前 15 位的公司，但并不意味着它们是优秀的房地产公司。因为融资能力最强、经营最稳健的万科、保利这种大型老牌国企基本上是不愿意，也没有必要通过信托来进行融资的。但是它们并不介意通过房地产基金来筹资，因为这本身并不会增加它们的财务杠杆率，还可以有效分散风险。所以大型的房地产基金在提供的开发商的资质上要比信托更为优质一些。

（2）更好更大的项目。城市、地段、项目性质、配套都十分优秀的项目在房地产信托中是很难抢到的，但是房地产基金想要顺利地进行融资，只能提供质地比较好的项目。

（3）更高的收益率。若某项目的预期收益为 10%，则已经高出同期一线房企信托近 2 个百分点。因为股权的风险明显要高于债权，风险与收益成正比，这一点很合理。但也可能有不合理的地方，如果利润率为 20%以上，给予 10%的收益似乎又低了很多。这就是金融的本质赚取各种“息差、价差、概率差”，一份产品每多一个金融环节就意味着多一分成本，多一分风险。

（4）更长的投资时间。房地产信托正常周期是一年，最长不过两年，而房地产基金通常为三年以上、五年以内。这是因为房地产基金的资金运作无论是单一项目还是分散投资都是全程参与，持长期运作思维。这才是房地产基金较房地产信托真正的风险点，因为房地产市场风云变幻，叠加房地产税未来推出的可能，过长时间的锁定期确实增加了投资风险。就算是财务状况最优秀的万科，重资金、高杠杆也是无法回避的问题。

5.4　房地产信托违约案例简析——重庆典雅房地产倒闭案

2019 年 1 月，中国裁判文书网发布中诚信托的系列裁判文书，被告为重庆典雅房地产开发集团有限公司（以下简称典雅地产）。

作为重庆本土老牌房企，成立于 1995 年的典雅地产，一度连续 11 年被评为重庆市巴南区纳税大户。如今，典雅地产已陷入破产重组的“至暗时刻”。这也是目前为止重庆房地产界金额最大的破产重整案，其负债达到 65 亿元。

作为 2018 年综合排名第 17 位的信托公司，中诚信托不幸“踩雷”。与中诚信托一起陷入这场利益纠葛的，还有 14 家银行、11 家小贷公司、4 家信托公司、5 家投资（商贸）公司、3 家房地产公司、55 个自然人，以及数百个材料（工程）类的公司。

信托公司相关内容：

中诚信托紧追不舍，为的是追回 3 亿元的抵押贷款。

2014 年 2 月 11 日，典雅地产与中诚信托公司签订（2014）抵押第 02111100364 号《重庆市房地产抵押合同》，约定：以其名下位于重庆市巴南区云锦路 2 号的 282 套住宅和负 1~21 车库（停车用房建筑面积 37922.8 平方米，产权证号 202 房地证 2014 字第 00××90 号）设定抵押权，贷款金额 3 亿元。

后因典雅地产公司未按约向中诚信托公司归还到期借款，中诚信托公司于2015年11月向重庆市高级人民法院申请对典雅地产及保证人张谊生、张鑫强制执行。

天眼查资料显示，张谊生为典雅地产大股东，出资比例占73.33%；张鑫为典雅地产第二大股东，出资比例占22.22%。

裁判文书透露出一个细节，即中诚信托的诉讼对象除了典雅地产与其相关人员，还包括一名自然人，其为典雅地产抵押车库中某车位的实际使用人。

该自然人提出执行异议，主张被执行财产中重庆市巴南区云锦路典雅依山郡负1~21车库350号车位系其与典雅地产公司置换所得，并已实际占有、使用该车位，请求解除查封。

资金重压之下，典雅地产还存在销售抵押物的嫌疑。

2015年8月，有消费者向重庆市国土房管局公开信箱投诉典雅地产销售抵押房。

该消费者表示，2014年10月购买典雅依山郡现房，然而直到2015年6月，典雅地产才坦白房子是抵押过的，要解压后才能交房。

典雅地产疯狂融资路：

2016年5月，典雅地产旗下子公司重庆君融置业有限公司（以下简称：重庆君融）与重庆金唐房地产公司（以下简称重庆金唐）签订《借款合同》。合同约定：君融公司向金唐房地产公司借款4.2亿元，借款期限2016年5月10日至2017年4月20日，借款利率为年利率8%。

2016年11月30日，重庆金唐与重庆君融签订《补充协议》。协议约定：重庆君融向重庆金唐借款4000万元，借款期限2016年11月30日至2017年3月31日，借款利率为年利率8%。

2016年12月15日，重庆金唐与重庆君融签订《补充协议二》。协议约定：重庆君融向重庆金唐借款1700万元，借款期限2016年12月16日至2017年1月28日，借款利率为年利率8%。

其后，重庆金唐与重庆君融签订《补充协议三》。协议约定：重庆君融向重庆金唐借款7000万元，至2017年5月23日前偿还，借款利率为年利率8%。

多笔借款，乃至不惜销售抵押物，典雅地产依然未能扭转颓势，高额的利息进一步加快了典雅地产的崩溃。

2017年11月21日，典雅地产第一次债权人会议举行，破产管理人特别进行了说明：（典雅地产破产重组案）财务账目混乱、债权债务关系人众多、关联方关系复杂、以房抵债、抵债专卖、一房多卖、财务、法律关系极其复杂。

债务人清单：

根据《重庆典雅房地产开发集团有限公司债务清册（含担保债务）》，里面包括14家银行、11家小贷公司、4家信托公司、5家投资（商贸）公司、3家房地产公司、55个自然人，以及数百个材料（工程）类的公司。

长期借款有30笔，其中银行29笔。包括：农业银行巴南支行（2笔）、恒丰银行重庆分行（3笔）、交通银行重庆分行（3笔）、工商银行重庆巴南支行（6笔）、浦发银行（3笔）、哈尔滨银行（8笔）、大渡口融兴村镇银行（1笔）、中信银行（1笔）、平安银行回兴支行（2笔）。

短期借款票据有130笔。包括：汉口银行、兴业银行（天禄贷款）、大连银行、沙坪坝融兴村镇银行等。

涉及小额贷款公司范围更广，包括：重庆两江新区科易小额贷款有限公司（原浙商小额、渝商/众盛/乾佑）、重庆市两江新区通盛（吉乾）小额贷款股份有限公司、重庆两江新区宗申小额贷款有限责任公司、重庆市大渡口区潜锦小额贷款有限公司、重庆市北碚区襄业小额贷款有限公司、重庆市九龙坡区融盛小额贷款有限责任公司、重庆市江北区聚兴小额贷款股份有限公司、重庆市渝北区业如小额贷款有限公司、重庆市巴南区向南小额贷款有限公司、重庆市巴南区明亮小额贷款有限责任公司。

信托公司包括：重庆国际信托有限公司、中诚信托有限责任公司、陕西省国际信托股份有限公司、中原信托（长期借款）。

财务（投资类）公司：重庆大顺有限公司（重庆银行委贷）、重庆吉盛达商贸公司、重庆晓阳投资管理有限公司、重庆飞图投资有限公司、重庆汇港投资有限公司。

房地产公司包括：重庆一城置业（集团）有限公司、重庆晋愉岭地房地产有限公司、重庆申基实业（集团）有限公司（柏椿实业有限公司）。

工程款、材料款、设计费有374笔。包括：重庆金点园林股份有限公司、重庆商社新世纪百货连锁经营有限公司、重庆美心·麦森门业有限公司等374家。

典雅地产是重庆最大的本地房地产公司，这个案例中我们可以吸取很多的教训！

（1）城市问题：重庆。截至2019年6月，我国总计有9个国家中心城市，但是只有重庆主城区是没有限购政策的。而且重庆的房价水平相较于一直较劲的成都是有一定差距的（见图5.1），这也是我们在投资重庆房地产信托时需要思考的问题。城市房价趋势的强度是我们投资房地产信托项目时第一个要考虑的问题，如果城市房地产市场未来一段时间强度得不到保障，那么这种项目尽量不要碰。

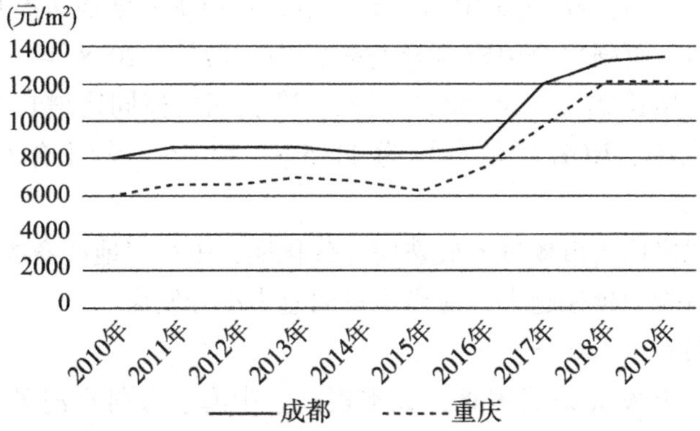

图5.1 成都、重庆近十年房价对比图

资料来源：作者根据网上公开信息整理。

项目选址问题：典雅地产的房产项目主要选择在重庆巴南地区，并不属于重庆的主城区，地理位置非常偏，预售情况得不到保证。这也意味着地产的资金链游戏在关键的预售环节有问题，整个游戏根本玩不下去。这也是为什么在地产信托项目的选择上笔者建议大家买限购城市中的限购区域项目。

（2）抵押品问题。现房抵押在这个案例中是没有太大问题的，但是中诚信托在实际的操作中存在明显偏差，我们看到典雅地产存在销售抵押房、多次抵押等行为。最终的结局是中诚信托并没有在其违约后拿到抵押品，这意味着项目最后的风控措施的失效。所以在抵押品问题上我们要遵循足值、流通性强、确权等标准，在抵押物这个核心问题上一点都不能马虎。在这个案例里中诚信托对于抵押物的核实、确权、贷后管理上是存在问题的。

（3）信贷生物链。我们可以看到典雅地产的债主名单中包括多家银行、信托，下面还包括小贷公司、民间借贷等。信托已经是正常信贷体系中高息部分，当一家企业超出这个部分进行借款时，说明这家公司的财务风险已经进入失控阶段。

（4）小房地产公司的天然劣势与风险。

例：房地产100强在全国房地产市场占比

据中国证券网 2019 年 3 月 19 日报道，由国务院发展研究中心企业研究所、清华大学房地产研究所和中国指数研究院三家研究机构共同组成的“中国房地产 TOP10 研究组”3 月 19 日发布的《2019 中国房地产百强企业研究报告》显示，2018 年百强企业销售总额、销售面积分别达 87239.1 亿元、66244.5 万平方米，同比增长 33.2%和 32.0%；百强房企销售额市场份额快速上升至 58.1%，较上年提高 10.6 个百分点，行业集中度加速提升。

报告显示，百强房企追求规模与效益均衡增长。2018 年，百强房企营业收入均值同比增长 27.3%至 486.2 亿元，净利润均值同比增长 28.2%至 64.4 亿元；净利润率、ROE 均值分别为 11.5%、17.2%，较上年分别提升 0.2、0.9 个百分点。

随着我国房地产市场进入成熟期与分化期，中小房地产商的日子越来越难过，未来的风险会越来越大，应当尽量回避中小开发商。

具体原因有以下几条：

（1）中小开发商融资困难，成本极高。中海、万科在海外发债，票面利率都在 5%以下，恒大十年期美元债利率达到了 13%，而中小开发商目前面对的局面则是：银行拿不到钱，信托难拿到钱，只能通过私募、民间借贷、私下集资等方式。资金成本高，还款压力大，财务承压能力极弱是客观存在的现实。

（2）房地产市场门槛提高，进入巨头时代。随着房价上涨，房地产市场的进入门槛也更高了，一二线城市百亿拿地也是稀松平常的事，如此高的门槛，想要在房地产市场较为有保证的城市开发楼盘，门槛非常高。世界 500 强企业从行业阶段来看，都是寡头阶段，呈现的是全球巨头、国内寡头的市场格局。目前国内房地产市场能够培育出如此多的世界 500 强在人类历史上也是绝无仅有的事情。

（3）房地产市场分化。2016 年后，全国房价先经历了两年多的普涨，之后全国楼市进入了一个以分化为主要特征的阶段，不再是房子只要做出来，不谈质量，不谈地段，不谈城市等要素就可以卖出去的时候。目前除部分城市以外，绝大多数城市去化时间周期加长是不争的事实，部分三四线城市的房价是否到达历史最高点也是一个值得深思的问题。

（4）开发商综合开发、品牌、利润率等综合实力有限。虽然说房地产是一个资金密集型行业，但是还是要考验开发商综合实力的，例如，品牌、利润率、销售去化率水平、楼盘建设规划能力等。这些方面中小开发商都无法与大型开发商相提并论。

（5）中小开发商“妖怪多”。说过去三十年中国最鱼龙混杂的行业除了金融以外，笔者个人首推房地产。这个行业有大量“妖怪”在行业大潮中赚得盆满钵满，但是改变不了其劣质性。房地产中小开发商中经常出现各种奇葩违约案例。

就如前文所说，对排名30名以外的房地产公司都不做考虑，这一标准既简单又实用，因为我们没有必要拿自己的资金去冒险，宁可错过不可选错是基本原则！

第6章 商业借贷类投资——公司方向

6.1 商业借贷类投资逻辑

商业借贷类信托从本质上讲还是信托公司对工商企业的贷款，与基建类和地产类信托不同的是，后者都会标明借款的用处，而商业借贷类则基本是以补充企业经营现金流为借款理由。这意味着我们并不能像房地产信托那样重点分析项目前景来判断还款来源是否有保证，而只能通过分析企业的经营状况来判断未来是否能够顺利还款。

要理清工商借贷类信托的投资逻辑需要想明白两个问题：

(1) 企业在什么样的情况下，需要通过借贷的方式补充日常现金流。

首先，银行渠道及其他低息渠道如发债券额度已经使用完，有的中小公司就是根本从银行贷不到钱，也就是说常规低息手段已经使用完。

其次，要维持企业继续运转，必须想办法借钱。如果在银行借不到钱，只要企业能够通过自身调整维持经营，也无需找信托公司借款。

最后，企业现阶段承接一个比较好、比较大的赚钱机会，过往的融资额度无法满足企业完成战略目标。

(2) 通过信托这种高息贷的方式进行融资，对于企业的现金流会带来什么影响。

首先，过去十五年信托借款的利息成本从未低于10%，一般商业借贷的利息在10%~15%的范围。动用了信托资金，意味着极大地增加了企业财务压力。

其次，如果企业在使用信托资金过程中，不能够创造出足额的利润率，则意味着信贷利息会不断侵蚀企业现金流。

通过上述两个问题的分析，我们不难得出结论：通过信托借款来解决现金流问题，本身就说明这家企业的经营极有可能出现问题。那么商业借贷类信托的投资逻辑就只有以下几条了：

1. 企业资金流状况是否恶化到最差阶段

企业通过信托进行现金流补充的潜台词就是从银行借不到钱，不借10%以上的资金成本维持不了日常经营。这意味着企业的资金流情况不理想，这时我们需要思考的问题是不理想到一个什么程度。

现金流指标的判定：

①企业是短期资金困难还是长期以来资金困难。

这与我们日常所说的“救急不救穷”是一个道理，判断短期还是长期的核心思路是：如果是长期困难，那么公司的日常现金流必然是长期紧张，并且趋势是一年比一年差！如果是短期问题，我们所要思考的问题是什么原因导致的现在的状况，这个因素未来会不会得到改善。

在这里当然也有一个比较重要的财务指标是现金流动负债比率。该指标是企业一定时期的经营现金净流量同流动负债的比率，可以从现金流量角度来反映企业当期偿付短期负债的能力。

该指标从现金流入和流出的动态角度对企业的实际偿债能力进行考察，反映本期经营活动所产生的现金净流量足以抵付流动负债的倍数。

一般该指标大于1，表示企业流动负债的偿还有可靠保证。该指标越大，表明企业经营活动产生的现金净流量越多，越能保障企业按期偿还到期债务，但也并不是越大越好，该指标过大则表明企业流动资金利用不充分，盈利能力不强。

利用绝对值去判断只是评测一个点，关键还是看趋势。

②现金流纯值变化趋势。现金流纯值是指等同于现金的一切资产，这里面包括：银行存款、一二线房产住宅、黄金等。但不包括应收账款，绝大多数情况下如果应收账款能够收得回来，就不会考虑信托高息贷款了。

③债务最高峰造成的财务压力。假设一家城投企业，它往往有N种融资渠道，信托的排序通常靠后。多种财务借款集合到一个时间线后，就会形成一个债务洪峰。我们的信托项目的还款期限最好要早于这个时间点，因为企业违约最大概率时间点就在债务洪峰期。同时我们需要测算企业日常现金流、净资产、再融资能力与这个债务高峰之间的比值。最后，如果信托借款时间发生在这个债务洪峰前期，则说明资金主要使用方向就是用来借新还旧，那意味着在信托还款时间之后会形成更大的一个洪峰。

2. 行业暴利足够覆盖信托高息成本

现代企业通过杠杆的方式进行经营，增加总利润是很正常的事情，问题在于企业的净利润率是否足以支撑信托的高利息。以房地产为例，一线房地产企业的平均净利润率普遍在 20%~25%这个范围区间。如果借款公司处于一个非常薄利的行业，除非其有非常核心的竞争力，否则不可能承担得起信托的高利息成本。反过来讲如果一家企业拥有非常强的核心竞争力，远超同行的利润率，那何必来借信托呢？

3. 拥有持续融资能力

商业借贷类企业绝大多数情况下还款并不是赚钱还钱，而是借新还旧。所以对于一家企业借新还旧的能力判断是非常重要的。影响企业借新还旧能力的因素：

①企业规模大小。一般来说企业的规模越大，则再融资能力越强。所以我们需要对企业规模的大小、规模发展的趋势进行评定，来判断其借新还旧能力。

②信托公司贷款数量。2018—2019 年信托违约案例中，我们会发现一个公司违约会造成一排信托公司倒霉的情况。所以一家公司找多家信托公司借款时，我们需要加强风险意识。通常情况下，首次信托借款是一个比较大的再融资能力优势。这证明了其财务问题处于初级阶段，同时能通过信托公司风控，说明其有一定的实力。

③下级融资渠道。信托虽然是高息贷，但这是相较于银行的利息。比信托利息更高的机构还有：资管公司、私募基金、P2P、民间借贷等。当一家公司到比信托风险高的机构借款，说明其财务状况恶化得很严重，出问题已经近在咫尺！

4. 是否出现负面新闻

金融机构都是锦上添花，从不会雪中送炭。当一家公司出现一点点的财务负面新闻时，同时也有可能面临着大量的金融机构的撤贷问题。对于一家大中型企业而言，企业的正面形象是事关生死的。

5. 资金主导型并购案例

在中国企业界，海航就是神一般的存在。

1000万元起家，20多年时间，海航从一个一架飞机也买不起的小公司，借助着十多年来的并购扩张，如今连续3年荣登世界500强榜单，这火箭式的发展速度，确实让人震惊。

不过事实往往是，不符合逻辑的事情必定存在问题。海航的负债一直以来都是让人诟病的。

根据市场公开信息，2019年上半年，海航集团的利息支出达到创纪录的156亿元人民币，同比增长超过一倍。其短期债务达到1852亿元人民币，超过其现金储备。

之前海航背后还有银行源源不断地输血，但是金融去杠杆以来，银行也不那么大方了，不太愿意提供资金。1月18日，海航集团董事局主席陈峰也对路透社承认公司出现流动性难题。

对于海航这种高财务杠杆的公司来讲，出现流动性难题意味着什么呢？

在2018年以前国内存在大量企业运用高杠杆进行企业并购的现象，这是一个非常危险的信号。“玩资本”看似一个高大上的用词，但是从实际情况来看更像是“玩火自焚”，因为资本是有价的，信托资本更是高价。

当一家近几年在并购市场动作不断的企业借信托时，我们一定要注意其中的风险。短期的并购成败不论，很明显的是短期之内无法形成稳定的现金流。当金融市场借贷趋紧后，无法借新还旧，融资能力下降，这类企业非常容易出现资金链断裂的情况。

6.2 商业借贷类三大选择标准

1. 抵押物评定

从近几年商业借贷类信托的兑付情况来看，爆雷率非常高。所以投资这类信托时，我们最看中的核心就是抵押物，因为这是唯一可靠的风控保证。

①东方金钰。因为早几年的快速扩张，造成经营不善，其出现债务危机。在这个过程中多笔债权都是以公司持有的稀有玉石为抵押物，这种抵押物信托公司也没有办法自行处理，只能反转头让东方金钰自己处理。可是以抵押估值计算到市场处理时，第一找不到买家，第二即使有买家，价格也只有抵押值的20%左右。

②中弘股份。安信信托曾向中弘发放抵押商业贷款，中弘集团以持有的中弘股份（000979）做抵押，结果在2018年6月中弘股份百亿债务违约，股票

在长时间停牌与跌停之后在 12 月被直接退市，抵押物失去了流动性与价值，自然相应的贷款也就无法收回。借信托资金的上市公司股票是非常危险的，因为一旦违约，股票将一文不值。在信托选择的十大维度中我有明确说明，不接受股票这种抵押物。

③贵州新农村建设。在 2018 年前，贵州经济增速连续多年保持全国前三，基础设施投资增速极快。而当潮退之时，当时多家信托公司参与的贵州新农村建设出现了大量问题，而相应的土地抵押、旅游资源抵押都没有起到任何用处。因为这里的土地是没有流通性的，旅游资源同样处于待开发状态，并不能创造现金流，同样无价值。

所以商业借贷类的抵押物判定我们基本上只认一二线城市房地产、土地，以及其他强流通性、足值性的抵押物。

2. 公司财务状况评定

如何判断借贷产品违约率有多高呢？回答这个问题，仍然需要回归信贷问题本质，需要考察借款用途、还款来源、盈利能力、财务状况等多种因素。考察的最终目的是为了评判其是否具备还款能力，借款用途是否合理，有无挪作他用的可能，还款来源是否可靠，盈利能力高还是低。对财务状况的考察，除了负债率、流动比率、速动比率等指标外，一项不可忽视的重要指标就是现金流量，还款永远是拿现金流量还款，而不是用利润，企业破产绝大部分源于现金流断裂，而非利润率下降，有充沛的现金流量是企业近期安全的重要标志。如果有这样两个企业：营业收入、资产负债比率都相当，一个利润率正常但是收款困难、融资困难、现金流量呈负数，另一个利润率暂为负数，但是每天都有资金进账、易融资、现金周转好，短期来看，利润率为负数、现金周转好的这家企业要更安全一些。

3. 利益关系梳理

商业借贷类中有一类信托产品是非常危险和麻烦的，就是利益输送。信托牌照意味着某种程度上的“无限融资权”，这时控制信托公司的大股东极有可能通过信托为自己的利益体系进行融资。这种融资方式最危险之处——不透明。

①雪松控股。2019 年信托行业最大的事件当属中江信托正式被雪松控股收购，整个收购过程中雪松控股收购了中江信托 71.3%的股份，取得了其绝对的控制权。在完成收购后，雪松控股宣布未来雪松信托的业务方向是主攻特

色金融，尤其是供应链金融。“信托主要会服务于我们上下游8000多家企业，这个已经足够做了，而且风险是可控的。”董事局主席张劲表示，至于收购价格他否认了市场传闻的150亿~200亿元。众多周知，中江信托在2018—2019年这两年间产品集中爆雷，总额在70亿元以上。

在整个事件中我们可以确定两件事情：

第一，收购中江信托代价极大。虽然雪松没有公开收购价格，也否认市场传闻，但是从近几年信托牌照的收购价格和中江遗留的70亿元爆雷金额来看。雪松控股拿到这块牌照代价不小，所以在一次采访中记者会问雪松控股董事局主席张劲，是否后悔此次收购。

第二，未来中江信托将融入雪松系，主体为其服务。在这一点上张劲非常坦诚，就是为上下游8000多家企业进行服务。但是反过来想一个问题：雪松控股花如此高的代价收购一张信托牌照，是不是就是为了利用信托牌照进行自融。在融资方和管理方都是雪松系的情况下，如何保证信托项目的信息透明度与真实性呢？

②两家信托公司与一私募公司互发产品。

2018年末出现一个非常有意思的现象，有三家公司的大股东以抵押股份到同行公司申请贷款。这三家公司有两家是信托公司，一家是地产系下的资管公司。

出现这种操作也很好理解，大股东总不能以自家公司股份做抵押在控股信托公司发产品，这样会造成非常不良的影响。但上述这种处理方式同样有两大问题：一方面，大股东资金状况吃紧，对于任何企业来讲，信托的融资成本都太高了。另一方面，大股东之间的等价交易，并不代表公司全体利益。这点很好理解，就算是信托公司之间，公司的价值与经营状态、股权价值也是不同的。例如这两家信托公司中在2019年有一家就出现了近百亿元的项目兑付问题。

以上的例子说明我们在选择信托公司时，需要注意资产管理方与融资方的利益关系，如果存在利益关联、自融、有悖投资者利益的交易，那这些就都是我们需要注意的。

6.3 商业借贷类违约案例简析

部分商业借贷类违约案例如表6.1所示。

表6.1　　　　　　　　　**商业借贷类违约案例**

排名	信托公司	违约主体	事件概要
1	北方国际信托、中信信托、光大信托、云南信托和华鑫信托	新光集团	2.1亿元股权数额的股权出资无法偿还；中信信托4笔贷款只计14.5亿元，其中一年内到期的债务6.9亿元。
2	中信信托、中粮信托、中海信托、中铁信托、中建投信托、上海信托、华融信托、昆仑信托、东莞信托、万向信托、西部信托、华宝信托、长安信托	东方金钰	逾期债务共16.7亿元
3	长安信托	南京建工产业集团	南京建工集团、南京东部路桥工程有限公司向长安信托累计申请的28.5亿元贷款逾期
4	湖南省信托	海航创新股份有限公司	海航向湖南省信托申请借款3亿元，2018年9月10日为还款日，截至2018年底，海航归还5050万元贷款，其余均逾期。
5	长安信托	青岛林业投资开发有限公司	公司总共有11亿贷款违约
6	渤海信托	无锡世界贸易中心有限公司	渤海信托放款2.04亿元，无锡世贸违约，渤海信托认为自己做的是理财业务而非信贷业务

资料来源：作者根据市场公开信息整理。

商业借贷类信托是信托最常规的产品序列，同时也是近两年违约情况最严重的种类，通常情况下我都建议投资者进行回避。但是信托公司采取的策略却始终不变，原因有三条：第一，从政策层面上讲，管理层一直鼓励金融机构支持实体经济发展，除房地产企业外的任何实体企业都很少受到政策限制。第二，任何信托公司的发展历史上都有一批长期合作的商业企业，有的是因为长期合作，一直比较顺利。有的是信托已经成为公司最大的债主，一旦抽贷则立刻造成企业违约，只能用类似“永续债”形式，一直只还利息。第三，利润丰厚，市场大量的商业借贷产品给客户的利息非常低，这是避免客户认为利息太高，是不是因为风险太大。同时因为实际风险比较大，信托公司希望追求更高的利润率，一线房产和基建类信托公司的利润息差在1%~2%，商业借贷通常起步于3%以上。

第7章 商业借贷类——个人方向

7.1 中诚信托个人房抵贷案例

项目名称：中诚信托-汇融1号北京房抵贷项目集合资金信托计划

产品期限：12月

投资方向：商业贷款

发行规模：2亿元

资金运用：用于向中金港推荐的合格借款人发放个人房产抵押贷款

收益说明：100万~300万元 8.0%（税后）；300万~800万元；8.3%（税后）；800万元以上 8.5%（税后）

风险控制：①北京市核心区域住宅现房抵押，优先级对应抵押率不超过52.5%，抵押登记办理在信托计划名下并办理强制执行公证。

②结构化设计，中金港资产6000万元现金认购劣后级，中金港资产100%股权质押。

③香港主板上市公司——中国金融投资管理有限公司（总资产63亿元）提供连带责任担保并对外公告。

④单笔借款不超过2000万元，分散投资，整体不良贷款率超过10%，暂停发放新贷款；超过20%，信托计划提前终止。

⑤交易对手战略股东包括中合担保（国有背景，AAA主体评级）、复星集团、东方资产、建银国际，股东背景雄厚，截至2017年末存量贷款47亿元，对应抵押物60%集中在北京主城四区，资产质量较高。

房抵贷的定义：房抵贷是借款人以个人名下房产（住宅或商业）作为抵押，向银行、典当行和小贷公司等机构申请借款，用于其消费或者生产经营的贷款。信托公司发行的房抵贷信托产品主要是与小贷公司、典当行、第三方服务平台等机构合作，向提供房产抵押的借款人发放贷款。

一、房抵贷的优势

目前国内金融机构最认可的抵押品就是个人住宅，其中一线城市及部分强二线城市的个人住宅资产以保值、价值透明、流通性高、个人最高价值资产等众多优势可以给借款人最高的信用担保。这样才能最大限度保证借款人按时还款，即使不还款也有办法解决本息还款问题。

市场上房抵贷信托产品比较流行的交易结构有两种：一种是资产包模式，信托公司通过信托计划直接或者间接向合作机构提供资金，由合作机构发放房产抵押贷款，合作将底层资产包质押给信托公司作为增信；另一种是助贷模式，由信托公司提供资金，助贷机构（一般是小贷公司、典当行、第三方服务平台等，以下称为“合作机构”）提供合格借款人，双方通过合同约定承担各自的风险与收益。对于房抵贷信托产品，应先了解其主要的交易结构，把握风控要点，识别相关风险。

模式一：资产包模式

此模式下信托公司通过直接或间接方式向合作机构提供资金，用于发放房屋抵押贷款。一般来说，信托公司采取受让合作机构的应收账款收益权、股权收益权等方式向其提供资金，同时通过底层资产包质押、合作机构股权质押、关联方兜底、设立监管账户和保证金账户等方式保证信托资金安全（见图7.1）。

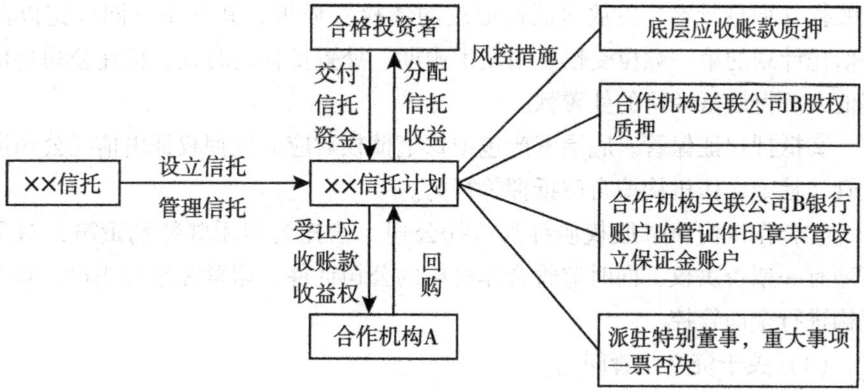

图 7.1　资产包模式

资料来源：个人微信号“上海不良资产”。

（1）结构解析。

①B 公司为主营房抵贷业务的小贷公司，A 公司为 B 公司的关联公司。

②信托公司发行信托计划，通过受让 A 公司的应收账款收益权，间接向 A 公司发放信托贷款，用于补充其营运资金，由 A 公司在集团内统一调配使用，A 公司到期回购。

③对于发放的信托贷款，资金以受托支付的方式运用，由信托公司审核用途后可对外支付。

④B 公司以底层资产包对应的应收账款质押，并在中登网登记。底层资产包为房抵贷业务而形成的债权。

⑤B 公司股权质押，信托取得 B 公司董事席位，对重大事项有一票否决权。

⑥监管 B 公司银行账户、证件印章共管、设立监管账户与保证金账户。

⑦获得 B 公司业务系统最高查询权限，对底层资产债权进行动态监控，及时替换不良资产包。

（2）风险解析。

资产包模式重要的风险点在于抵押权属与资金监管问题，底层资产包对应的抵押物他项权证办理在合作机构名下，还款账户也为合作机构的银行账户，那么该模式下信托公司如何管控风险、控制抵押物、保证资金安全。

（3）抵押权属问题。

①底层应收债权质押。虽然抵押权在合作机构名下，但是可通过对底层应收账款（向借款客户发放房抵贷形成的债权）质押，并在中登网登记以此保证信托计划的第一顺位受偿。当发生逾期、处置抵押物时候，信托公司将优于其他人获得该抵押物的处置款。

②抵押权证保管。底层资产包中每笔债权对应的抵押权证由信托公司进行共管，杜绝合作机构擅自解抵押等行为。

③合作机构 90%股权质押到信托公司，信托公司派驻特别董事，对重大事项有一票否决权，同时监管合作机构的公司证件、印章和银行账户，对合作机构进行全面管控。

（4）关于资金监管问题。

①每个资产包单独建立账，设立监管账户与保证金账户，实现闭环管理。

②每一笔应收账款质押登记，保证信托计划第一顺位受偿。

③通知借款人还款账户变更，还款时需将借款归还至信托公司监管账户，杜绝资金挪用。

④监管账户资金流动需要信托公司审批，同时信托公司设立保证金账户，监管账户资金沉淀超过一亿元自动划入保证金账户，实现定期资金沉淀，并起到破产隔离作用。

综上所述，该模式下，虽然信托公司没有直接获得房屋抵押权，但是通过底层债权质押获得优先受偿权，另外通过股权质押、一票否决权、账户监管和证件印章共管等方式深度介入合作机构内部的管理，获取内部业务系统最高查询权限，对底层资产中的每笔债权实时监控，及时替换资产包中的不良债权，保证信托计划的正常运行与顺利兑付。

模式二：助贷模式

助贷模式下由信托公司发行信托计划募集资金，助贷机构（一般是小贷公司、典当行、第三方服务机构等）推荐合格借款人，协助信托进行贷款前期尽职调查、抵押物价值预评、贷款及抵押手续的办理等事宜，借款客户由信托公司审核通过后，由信托公司直接向申请房屋抵押贷款的借款人发放贷款，房产抵押至信托公司名下，信托与助贷机构双方通过合同约定承担各自的风险与收益。

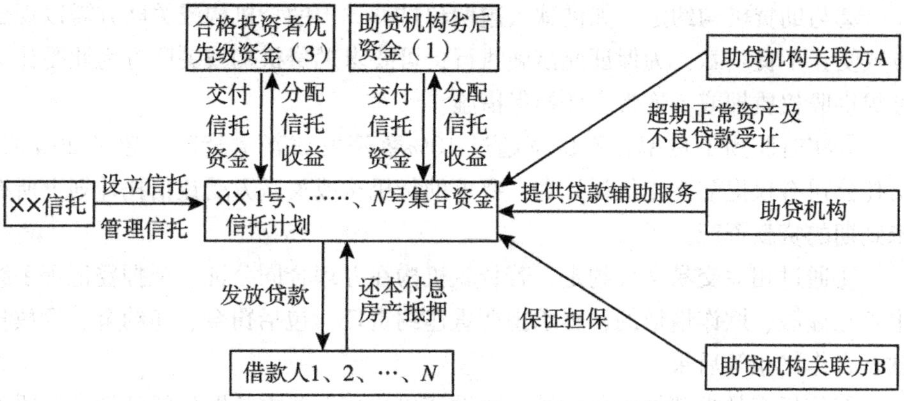

图 7.2　助贷模式

资料来源：个人微信号“上海不良资产”。

（1）结构解析。

①信托公司发行信托计划，投资人认购优先级，助贷机构认购劣后级。

②助贷机构推荐合格借款人，协助信托做尽职调查、抵押物评估、抵押权证办理等助贷辅助服务，信托公司审核通过后发放房屋抵押贷款。

③助贷机构关联方对不良贷款与超期正常资产有受让义务，逾期后以现金方式受让。

④助贷机构关联方对受让义务承担保证担保责任。

⑤借款人到期归还本金利息。

（2）风险解析。

助贷模式由于是信托公司直接向借款人发放贷款，房产也直接抵押至信托公司名下，所以不会存在模式一中的资金归集与抵押权属问题。信托公司传统业务上，融资方基本是单一机构，而房抵贷业务中借款人分散，借款人数众多，借款人资格审查、抵押物评估及贷后监管上，信托公司在管理经验与管理精力上都有所欠缺。房抵贷业务操作中需要对每笔借款进行详细审查与动态监管，保证债权的安全，所以信托公司需要借助助贷机构进行借款人资质审核、抵押物评估与贷款监管等。为保证助贷机构尽职尽责，保证每笔债权的合法安全，一般来说信托可以采取以下几种措施：

①信托公司制定合格借款人标准、抵押物标准和资金使用规范等，助贷机构严格按照信托公司的标准推荐借款人，由信托审核后放款，信托公司对借款人审核、抵押物评估、贷款发放与管理有最终决策权。

②与助贷机构约定，如借款人逾期超过五日，助贷机构或关联方需以现金方式受让不良贷款，为保证此措施执行，可要求助贷机构或关联方为此受让义务提供股权质押或者连带责任担保措施。

③实时监测不良率，不良率超过 10%暂停发放新增贷款，超过 20%时，信托公司有权提前终止信托计划，要求助贷机构或关联方受让信托计划下所有未到期的贷款资产。

④通过相关交易文件约定，若贷款机构在办理合同公证、抵押登记等手续中存在虚假、欺诈情形的，将承担严重违约责任，包括罚金、违约金、暂放贷款、合作终止等后果。

⑤信托产品内部结构化设计，由助贷机构或关联方认购信托计划劣后级份额，为优先级投资人提供安全垫，实现利益绑定。

以上两种方式看似比较完美，但是都有一个致命问题——合作伙伴是根本。无论是信托公司通过资产包形式拿到抵押的优先处理权，还是直接将抵押物抵押给信托公司，始终都不是信托公司的业务，所有的程序都需要经过合作机构之手。所以对合作机构的考察才是房抵贷的关键。

（1）营业年限。房抵贷业务本身的历史恐怕有上千年，在改革开放之后就有很多相关类型的公司以当铺、小贷等多种形式复活。年限越久的公司自然可靠性就越强，像中诚信托合作的北京当地的当铺，在北京还是有一定知名度的。

同样这个市场也有很多新进者，例如在2019年8月刚刚爆雷的证大财富，其主营业务就是房抵贷，全公司有3000多员工，全国有15家分支机构，从表面上看实力强大，但是这都是表象。

（2）法律诉讼纪录。房抵贷业务公司都必有一个特点就是法律诉讼特别多，这一点很好理解。一二线城市房产抵押过程中，借款者为什么不到银行去低息贷款，而找小贷公司。必然有以下三点原因：①借款者本身信用记录有一定问题或是非常急于用钱。②房产在某一方面存在一定的问题，最终给放贷方造成无法变现的问题。③因为急于用钱，还愿意承担高利息，还是以最重要的资产做抵押，借款者必然处于“火烧眉毛”阶段。这时人很容易上当，事后容易后悔，或是无法还债又不愿承担后果。无论是哪种情况，最终都是需要通过法律诉讼这一关，所以我们通过调查相关机构的诉讼记录是很容易看清问题的。总体原则是：官司不怕多，因为吃这碗饭是没有办法的事情，但是一定要赢。因为只有赢，才说明他们的贷前、贷后管理做得好。

（3）实际放贷利率。就像前几点所说，房贷的最核心问题还是利息过高。整个业务过程资金需要过两家金融机构的手，这意味着每家公司都需要3%~5%息差收入确保自己的利益，再加上投资者的8%左右的收益预期，借款者最终的利息成本绝对在18%以上。以一二线城市优质房产做抵押，却要承担超高利息成本，这门生意本身就是带“血泪”的。

其他问题：

（1）抵押物质量评测。房抵贷业务的核心要点是抵押物，抵押物所处的区域位置是考虑的第一点，信托公司一般要求北上广深这些一线城市的住宅现房。以上海为例，还要求为中环以内核心区域的房产，这些房产价格稳定，交易性强，有利于处置。第二点，还需对抵押物进行合理评估，保证抵押物的正确估值。还应严格控制抵押率，一般为6折左右，以此留出足够空间应对市场波动。

（2）资金池问题。房抵贷合作机构的融资渠道主要包括银行、信托、P2P和小贷公司，其中银行成本最低，在6%~7%，信托融资的成本在10%~15%，而P2P和小贷公司的融资成本则要达到18%以上。通过银行融资虽然成本低，但要求多，很难把流量充分运用。而企业也很难找到那么多优质客户满足银行的需求，因此，通过信托渠道融资是一种比较常见的模式。事实上，透过信托资产会发现，很多资金都是来源于银行，期限为三年，而有些平台机构提供的贷款最长时间则有八年。信托计划的年限无法满足业务需求，容易出现期限错配。但是，由于集合信托的存在，周期内错配是难免的，在杠杆比例方面是符合监管 1∶3 的要求的。资金池的问题在当下交易结构中很难避免，包括银行理财之类的很多标准资产也存在这个问题。

（3）房抵贷资金确实有一部分注入了小微企业，但还有一部分提供了伪造的经营合同、消费合同，银行将受托支付的贷款直接打到合同对手方的账户中，对方再通过其他渠道把钱转给贷款申请人，就可以自由使用这笔资金，离开银行内部，资金真实流向很难被监管到。根据原银监会此前下发的《关于进一步加强信托公司风险监管工作的意见》，要求加强对信托产品资金来源与运用的期限结构分析，特别是资金来源为开放式、滚动发行、分期发行的信托产品期限错配情况。另外，监管部门 2018 年下发的《关于规范金融机构资产管理业务的指导意见》，同样明确了信托计划等资管产品投资非标准化债权类资产应当降低期限错配等风险，同时认定滚动发行、本金转让等情形为刚性兑付。

7.2　个人消费类信托

据《华夏时报》2019 年 4 月 9 日报道，在外贸信托与陈少丽金融借款合同纠纷一案中，陈少丽向外贸信托借款 350 万元；贷款期限为 2017 年 3 月 3 日起至 2017 年 9 月 2 日，贷款月利率为 0.8%，即年利率 9.6%；还款方式为按月结息、到期一次还本。但借款人如出现违约的情况，贷款人可以要求借款人自逾期之日起，每日按借款本金的万分之六向贷款人支付违约金，直至利息或本金逾期全部清偿为止。

表面上看，陈少丽向外贸信托的借款利率并不高，为年利率 9.6%。但实则上其逾期后年利率却高达 21.9%。而这甚至比现存的大多数网络借贷平台设定的违约利率还要高出一大截。例如，蚂蚁借呗综合费率最低为 15%，微粒贷日费率为 0.05%（折合年利率 18.25%）。

而在外贸信托与陈海涛等借款合同纠纷一案中，外贸信托与陈海涛等签订借款合同，借款金额为 10 万元，年利率 19.8%，借款期限 2017 年 6 月 30 日至 2018 年 7 月 5 日，共分 12 期，还款方式为等额本息。但值得一提的是，其逾期违约金利率与借款利率相同，均为年利率 19.8%。

值得注意的是，在李成与外贸易信托的金融借款合同纠纷一案中，外贸信托虽表面上以 15.5%的年化利率借给李成 980 万元，但记者却发现，其逾期违约金利率却惊人地高达0.2%/日，也就是年利率为73%。

即使外贸信托在随后的诉讼中主动降低了李成的逾期利率，但其仍高达24%。这也恰好卡在了《最高人民法院关于审理民间借贷案件适用法律若干问题的规定》第二十六条对民间资本市场利率的规定监管约定的范围内。而在庭审中，北京市第一中级人民法院也认为并无不妥，不持异议。

“实际上，为了响应监管要求，目前大多数平台都不会将逾期利率设得过高，因为从实际过程中来看，过高了反而不利于催收，容易产生负面效应。”深圳某互金公司内部人士对记者说。

一、个人消费类信托的优点

（1）供应量大。近五年是个人消费信贷高速发展的时期，以互联网金融为代表的各类消费贷款层出不穷。造成这种局面的客观原因是新生代个人消费能力、消费习惯的改变，个人消费贷款需求强烈。

（2）大数定律，分散风险。与企业贷款少则几千万元，多则几十亿元不同的是，个人消费贷款小到几百元，最大也不过十万元左右而已。所以一款消费贷金融产品都是通过大数定律来分散风险，举一个例子：100个人都借1万元，根据数据统计最终违约率为3%，那么贷款出去的资金利息只需要大于3%即可获得正收益。当然实际上还会包含运营成本、资金成本等，但是原理就是如此。

（3）信托公司利润高。

目前国人接触到最多的个人消费贷类产品分别是：蚂蚁金服提供的“借呗”，利息成本在18%左右。微信提供的“微粒贷”，利息成本同样在18%左右。

FinX金融的最新资料显示，蚂蚁借呗的累计放款规模早已在万亿元级别。

以3/6期、件均8100元、逾期率1.47%的现金消费贷产品，借呗在2017年最鼎盛之时创造61亿元净利润，在2018年一季度更创造单日净利润2100万元。

蚂蚁金服旗下的信贷产品，主要通过借呗、花呗两款产品对外放贷，并通过旗下网商银行面向小微企业客户。2018年，蚂蚁花呗的ABS发行规模达1042亿元，蚂蚁借呗发行ABS达475.50亿元，二者合计占到当年消费金融ABS发行总规模的53%。

我们不难看出，这种个人消费贷产品的利润还是非常丰厚的，息差比同期银行、信托3%左右的息差要高出数倍。所以针对这一点已经有大量的信托公司开始布局个人消费贷市场，其中外贸信托处于行业前端，和其他信托公司采取寻找机构合作的策略不同，外贸信托是直接参与其中。以2018—2019年的数据，其利息也基本维持在18%左右的范围，同时投资拿到的相关产品收益在8%左右，中间就有10%的利息空间去经营、压缩成本，包括控制坏账率、经营成本、时间沉淀成本、法律诉讼成本等。

二、个人消费类信托的缺点

（1）信托公司直接经营条件不成熟。虽然个人消费贷拥有众多优点，但是目前经营比较成功的只有两家互联网巨头旗下品牌：支付宝的借呗、微信的微粒贷。这是因为个人消费贷的根本经营逻辑是化整为零，根据大数据推算与信用制度双重保障。蚂蚁和微粒贷之所以能够取得比较好的效果是基于它们各自的App都拥有海量用户，然后通过大数据分析有效分散才能取得非常良好的经营效果。这是互联网巨头的天然优势，也是一般金融机构无法达到的。

（2）合作方式，容易造成资金失控。因为信托公司自身并没有办法搜集到足够多的个人借款客户资料，而且因为数量多，还会产生大批量的法律纠纷。所以绝大多数信托公司在从事消费贷业务时，都是采取寻找一个相关领域的公司进行合作，将资金打给相关机构进行管理。目前国内合法合规取得消费金融牌照的公司大概30家，还有各种小贷公司，拥有足够多的选择。但是这种合作方式有两个问题：①多经一家机构的手，也意味着少一部分息差。②同时也意味着多一道风险，因为信托公司不可能亲自去核实每份个人借贷合同的质量。如果合作机构有心，是完全可以套取信托投资资金的。

（3）法律纠纷多。

个人消费贷领域外贸信托是走在最前列的，可是问题也显而易见，只需要查一查启信宝，就可以发现目前外贸信托存在3000多条风险提示，基本上是与个人消费贷客户之间的诉讼。目前基本上外贸信托每一个工作日都有官司需要开庭，绝大多数是追讨欠款，也有部分是抵押处置的纠纷。出现这种情况的原因有两点：

①外贸信托无法将资金进行有效分散，因为信托公司直接经营个人消费贷业务的推广能力是非常有限的，客户群体数量非常有限。也没有办法像蚂蚁金服那样通过过往大量的消费数据去分析用户的还款能力，更没有6亿以上活跃用户的大数据池进行客户筛选。

②信托个人消费贷客户质量比较差的原因。

a. 利息高。个人有资金需求首先想到的就是银行，不同于企业借贷，个人小额借贷只要信用记录良好就很容易借到比较低利息的银行个人贷款。如招商银行的闪电贷，利息在7%与15%之间，明显要低于互联网金融机构提供的产品利息。利息越高的借款往往意味着更差的还款能力，更紧张的资金状况。

b. 推广度低。信托公司无论是自己直接参与个人消费贷领域还是找机构合作，在这个市场上都只能算是三流玩家。第一梯队：蚂蚁财富与微信，各大银行是不会跟任何人分享这块蛋糕的。第二梯队：京东金融、苏宁金融，以及各大中小银行都有自己的客户范围，最重要的是不差钱。第三梯队：各种互联网金融公司、信托公司等。

如果是希望利息成本更低或是更方便，第一梯队的优势比较明显，绝大多数的优质客户也会优先考虑他们。等到了第三梯队时，所面对的客户极有可能已经在第一梯队与第二梯队机构中借了钱，已经到了拆东墙补西墙的阶段了。

个人意见：我们投资固定收益类产品的核心理由是图一个安稳，所以安全性是我们需要考虑的第一前提。目前个人消费贷项目很多信托公司都有涉及，出现爆雷的案例暂时没有，但并不代表其一点问题都没有。任何新业务我们都需要观察两到三个周期，等待市场信息开始透明化，最重要的是没有任何借贷产品是绝对安全的，我们需要通过一些违约案例去倒推资金的运转过程。

第8章　其他信托类产品简析

8.1　股权类信托产品分析

股权投资的核心是以股份、股票为核心的投资方式，和我们之前提过的种种以赚取息差为目标的债务投资是两个方向。区分两者最容易的方式就是投资者需不需要为项目公司的经营结果负责。以赚取息差为目的的投资无论项目最终运营情况如何，融资方都有义务还本付息给投资者，但是股权投资，投资是以股东的身份进入项目公司，需要对最终项目运行结果承担有限的股东责任。

前文地产类信托所述的地产多以明股实债的方式进行运作，实际上表面信托资金是以股东形式参与，但实际上是债主。

目前我国信托公司真正意义上的股权投资绝大部分是不对普通集合信托客户开放的，只有部分股票、股权类投资会对特定客户开放。这是因为这一类投资品并不是固定收益类产品，如果混合销售给普通固定收益类投资者，会造成后期大量纠纷。本书主要讨论的信托范畴是固定收益类集合信托，在此不过多展开。

股权类项目注意点：

(1) 低成功率是必然的。最优秀的股权投资基金经理项目的成功率不会超过20%，因为这做的是一本万利的买卖，失败是常态。全市场不会有超过20%股票基金经理能够常年战胜沪深300指数，因为无论是基金还是信托，都需要付高额的管理费用和业绩提成，日积月累会是一笔不小费用。最重要的是人性难以战胜市场，最优秀的实业操盘手都无法与大势相抗衡，赚钱大多只是规避了明显的陷阱，其他的都交给了时代。

(2) 收益浮动区间极大。因为股权类投资身份是股东，相当于“做生意”，成败之间的区别会非常大，赚钱有可能一本万利，亏钱也可能血本无归。债权类投资正常情况下拿利息，失败了面对则可能是断崖式风险，但是成功率要更有保障一些。

(3) 投资思维是完全不同的。债权类投资的投资思维是：①借钱，赚钱之后还。②不赚钱不要紧，只要还钱时你可以再借得到钱。③不赚钱，也借不到钱，也不要紧，只要有同样值钱的资产进行抵押。还钱的方式有三种，但是股权类投资思维只有一种——这门生意必须最终能赚钱！

(4) 投资者素质要求更高。两种投资对于投资者的专业素质的要求并不在一个层面上，股权类投资明显更难，所以不建议非专业投资者参与。

8.2 资金池类项目分析

有一类信托项目可能是这个市场上最安全的项目，也有可能是这个市场上最危险的项目，那就是信托公司的资金池项目。

一、资金池项目的定义

资金池业务并非信托公司所独有，金融机构中常规的资金池分为六类：银行理财资金池、理财资金营池、信托资金池、券商理财池、保险资金委代池、基金子公司专项池。这其中以银行理财资金池最大，它们共同的特点：滚动募集，集合运作，期限错配，分离定价。

以上是科学定义，在实际的操作过程中，当某份信托满足以下几个条件时，我们就可以断定其为资金池项目：

1. 资金投向不明，无法跟踪

我们可以从其投向介绍中看到所有投资形式，但是却没有具体的公司、期限、品种等。这意味着项目资金的具体投向投资者是一无所知的，也没有办法进行跟踪。这是所有资金池项目最大的特点，也决定了信托资金池项目所有的特性。

2. 一段时间内收益相对固定

无论何种类型的信托产品，收益率都是根据信贷市场利率情况进行浮动的，因为信托属于高息贷，所以是企业融资的第二选择。往往银行银根放松时，信托的收益也会跟着下降，反之同理。但是资金池项目的收益却相对固定，通常是信托公司根据融资能力的变化与实际需要按年或季进行调整，而非完全根据信贷市场。

3. 项目持续发行，没有限额

一般信托项目中一家企业借多少钱、多长时间都是固定的，所以发行时间窗口都很短，融到相应额度也就结束了。资金池项目因为资金处于不断的滚动使用中，所以通常是持续发行，并且基本没有投资额的限制。

当一款产品具备以上三点时，我们就可以断定其为资金池项目。为什么我们需要判断什么品种是资金池项目？这是因为 2018 年 4 月《关于规范金融机构资产管理业务的指导意见》规定，金融机构应当做到每只资产管理产品的资金单独管理、单独建账、单独核算，不得开展或者参与具有滚动发行、集合运作、分离定价特征的资金池业务。

也就是说新资管条例是禁止金融机构开展资金池业务的，理论上整个业务需要在 2020 年前完全清除出市场。可是这仅仅是理论上的，从实际情况来看政策能否达到预期目标还有待观察，因为这类项目从现实的市场情况出发是很难完全清除的。

二、资金池项目的优点

难以清除首先是因为有大量投资人愿意将资金投入资金池项目。因为资金池项目的具体投向不明，而且项目是滚动发行，规模巨大，所以根本无法说明投资者投资期限具体的投资业绩。这个时候信托公司只能按照事先约定收益率进行兑付，这就形成了事实性刚性兑付。

其次，相对于一般借款企业的信誉，信托公司本身的信誉则要高出许多，并且因为减少了许多中间环节，资金池的融资成本非常低，这都客观增加了资金池项目的安全性。

最后，因为资金池项目是滚动发行，集合理财，所以其提供的投资期限非常灵活，月、季、年等各种投资期限都有。这非常有利于投资者保持资金的灵活性，而且信托是卖方市场，供不应求，又不用等自认为好的项目，不存在浪费时间价值。

三、资金池项目的风险

（1）资金池项目透明度低，容易积压金融风险，影响金融体系的稳定。

资金池项目最大的风险就是信息透明度极低，我们基本不知道自己的钱到底流向了哪里。通常情况下信托公司的资金池资金都是由信托公司进行支配，其投向可能通过各种形式进出专户，最终都是由信托公司的意志所决定。这时可能的去向：信托公司的资本运作，信托公司的机构放贷，对逾期项目进行刚兑，甚至是以某种形式流入大股东腰包。

正因为如此，资金池项目往往规模庞大，部分信托公司的资金池项目数额都是以千亿元为计量单位。而巨量的资金流向又是不明确的，收益虽然在合同上标明是浮动的，但是从实际的运作上看却都是固定的。如果出现系统性风险，则意味着此资金池的损失是受控制的。

（2）不受限制的融资权利，容易造成双输局面。

因为资金流向不透明，往往信托公司只要有资金需求，就可以在市场上进行公开募集。因为信托是卖方市场，而且资金池项目必然是采取刚兑，这时信托公司相当于拥有了不受限制的融资权利。可是当一项权利不受限制时，对于参与各方都不是一件好事。第一点，信托资金池项目虽然收益相对较低，且发行成本极低，又没有中间成本，但是整体的利息也并不会低于银行贷款利息。资本并不是免费的，如果运作不善，容易积累风险。第二点，因为拥有无限融资权，对于资金使用者而言同样不是好事，因为不受限制，对于投资风险的把控和自身实力运作能力都容易形成错配。

（3）最后一棒投资者承担所有风险。

资金池项目中资金流向虽然非常不透明，但是风险却是显而易见、极容易判断的。因为所有的风险都是由最后一棒接力者承担，如果资金池从实际的运作情况来看出现亏损，那么只需要再发一期新产品借新还旧即可。可是资金池项目的最后一期却无法通过此方法转嫁风险，那么资金池常年运作的结果就要由最后一棒投资者承担。2018 年公布的新资管条例，已经明令禁止信托公司再运作资金池项目，虽然具体实施要延期两年，但是 2020 年之后相关公司就需要陆续清理相关存量问题。当然目前政策延期是比较正常的现象，但是作为投资者不可将自己的财产安全押在不可测的管理政策上。

四、资金池项目市场现状分析

1. 目前拥有资金池业务的信托公司

目前信托公司中开展资金池业务的公司不在少数，因为不想引起不必要的事端，有兴趣的读者可以加微信公众号艾财爱家，输入关键字“资金池”，即可查看到。目前信托公司内部都已经禁止理财经理使用资金池三个字。

2. 资金池的规模非常大

因为绝大多数信托公司的财务报表并不会单独披露其单项业务规模，尤其是资金池业务规模，所以具体的数据无从得知。唯一可以确定的是总体体量非常巨大，个别问题是以千亿元为计量单位。而 2018 年新资管条例推出后，相关公司都在缩减资金池项目的总体体量，以应对结束期的兑付压力。

3. 新资管条例公布后，相关信托公司调整策略

2014 年，原银监会发布《关于信托公司风险监管的指导意见》（99 号文），要求做好资金池清理，信托公司不得开展非标准化理财资金池等具有影子银行特征的业务。对已开展的非标准化理财资金池业务，要查明情况，摸清底数，形成整改方案。而资管新规的出台同样也是基于这一考虑。

业内较为知名的信托资金池产品，有中航信托的天玑系列、中融信托的汇聚金系列、上海信托的现金丰利、光大信托的瑞富宝等。

早期推出的资金池产品目前仍在存续期，但多数是严格按照监管要求配置于标准化资产的，且规模在逐步缩减，在公司内部不再当成重点业务来做，比如业内熟知的现金丰利产品。

可是时至 2019 年，信托公司资金池业务又有反向扩大的趋势，造成这种情况的根本原因还是资金池信托对于投资者的天然优势。正因为说不清道不明，明明是非标的底层资产却建立在信托公司的信誉之上，具备了标准化金融产品的特性。

未来信托公司资金池业务的走向非常难以判断，主要看新资管条例的执行情况，如果不下大决心，信托公司的非标资金池业务隐患将难以解决。

五、个人投资建议

资金池项目不可接最后一棒：君子不立于危墙之下，在 2018 年新资管条例出台前大量的各类专业机构资金都选择大型信托公司的此类项目。可是在政策出台前后就出现了大量机构赎回的现象，这是因为业内人员都明白，资金池项目在可以无限存续阶段，实际上是信托公司能提供的最安全项目，因为此类项目如果出现问题，信托公司是需要负全责的。可是新资管条例却让此类产品变成了最不可测产品，与其去猜测相关信托公司的经营状况、评估兑付能力等，不如简单粗暴地直接回避即可。

8.3 公募信托分析

公募产品相关征求意见稿：由银保监会信托部制定的《信托公司资金信托管理办法》（以下简称《办法》）进一步梳理并明确了具体业务的监管规则，目前已经结束对各省级银监局的征求意见阶段。

该《办法》包括五大要点：

①信托产品包括公募与私募，可以面向不特定社会公众发行公募信托产品，认购起点 1 万元；

②创设信托产品新的分类，资金信托分为资金融通型信托和资产配置型信托；

③投资者首次认购私募信托产品必须面签，并且设置 24 个小时的冷静期；

④固收类证券投资信托产品，允许以卖出、回购方式运用信托财产；

⑤业绩报酬提取频率不得超过每六个月一次，且不得超过基准收益的 60%。

信托过往的发行都是采取非公开发行，这是因为信托投资门槛非常高，100 万元是起点，实际投资过程中往往需要 300 万元。

可是信托如果采取公募形式，会带来以下几个显而易见的问题。

（1）投资者素质不足以承受要应对的风险和投资水平。

2018 年以来随着我国金融去杠杆和经济降速等问题出现，我国企业债务违约情况越来越严重，在这种情况下“高息贷”本质的信托自然也免不了被牵涉其中。在过去被认为最安全的基建类信托在多地出现了延期或违约事件，而商业借贷类更是出现上市公司连环爆雷的情况。地产类信托同样也出现了一些中小房地产商资金链断裂的情况。所以投资信托需要比较强的风险承受能力与投资水平，在这一点上，以公募形式发行自然就存在大量不合格投资者参与此类投资，一旦项目出现问题，就容易出现群体性事件，不利于社会和金融市场的稳定。

（2）公募信托的项目必须是非常大的项目。

因为信托公司产品的项目大小是根据实际融资情况进行发行的，有大有小。可是信托如果发行公募产品就必须选择一些大额融资项目，而过大的融资项目本身就意味着较长的投资周期以及较大的不确定性等。

（3）必须打破刚性兑付。

公募信托相当于公募固定收益基金，以信托较高的收益率与政策打破刚兑目标，此类产品必须明确“投资有风险，购买需谨慎”。如果不打破刚兑，出现问题对于信用公司财务会形成巨大压力，同时给投资者传递一定的反面信息，将所有的风险都积压于金融机构。

8.4 其他类信托分析

信托公司推出的信托产品除以上常见的几种以外还有很多形式，例如：家族信托、慈善信托、融资租赁信托等，这是由信托牌照的特性所决定的。在我国信托牌照是被限制最少、最不明确的一个领域。

在这些其他类信托中笔者为大家重点挑选一个概念——家族信托。

在国内外对于家族信托的定义有很多区别，但是这些都流于形式、没有意义，从实际操作来看需要符合以下标准才能说是家族信托：

(1) 以财富传承为目的。这是设立家族信托最重要的目的，通过信托的形式隔离掉继承人使用不当、婚姻，甚至法律风险。例如：目前众多国内企业家都通过海外离岸信托持有公司股份，在面临离婚时，就不会被分割资产。甚至国内某企业家卷入违法案件中，也不会影响到其家族对上市公司的控制，因为其股份是通过海外信托设立的公司进行持股。当然最常见、最主要的目的，还是希望将财富有序、有目的地交给继承人，避免造成负面影响。

(2) 资产金额比较大。目前国内信托公司家族信托的名义起步门槛在1000万元，但是在实际操作上有的信托公司要求3000万元或5000万元。因为家族信托的规划、设计、管理需要较高的成本，金额太低也就失去了意义。

(3) 以法律的形式按照托付人的要求进行长期运转。这是家族信托的核心，保证了托付人的意志可以长期执行，这也是最被看中的一点。

国内家族信托的局限：目前国内家族信托的发展比较迅速，多家信托公司都推出了家族信托业务，但管理资产总量有限，并且进展缓慢。因为国内信托公司根本无法满足托付人的要求，更多的操作只不过是用来购买本公司的集合类信托产品，再收取高额的管理费而已。

局限性的原因：

(1) 法制环境：因为历史原因，我国对于私人财产的保护并不好，给国内富人造成巨大的压力。国内保护私人财产的法律相较于欧美发达国家百年发展更是短板明显，所以很多高净值人群信心不足。未来我国在保护私人财产的法律上从制定到执行再到反馈改进，还有很长的一段路要走。

(2) 公司历史沉淀。因为家族信托的主要目的是传承家族资产，这本身就是一个长时间的过程。在这一点上我国信托公司经过几次大整顿进入正常轨道也不超过二十年，很显然如此短的发展历史缺乏案例证明其管理能力与稳定性，很难获得高净值人群的信任。

(3) 操作流程。在国外，信托的概念是非常宽泛的，家族信托的运作核心是律师，而非信托公司、保险公司等。而国内信托公司在成立家族信托时有一道程序也非常让客户难以接受，就是要登报 3 个月，对托管资产进行公示，这就涉及税收、个人隐私的问题。所以国内外家族信托的运转是完全不同的，这也造成国内此类业务发展缓慢。

未来国内家族信托发展的可能性：目前国内家族信托的发展处于一个百花齐放、但都不成气候的阶段。主体分为：信托公司、银行的私人银行部门、家族财富办公室、保险公司等四大类。其中，家族财富办公室的概念是借用于新加坡，实际就是非金融机构中以理财师为主的中小公司。当然现阶段大多也是以收咨询费和代销金融产品为主，未来这一类公司有可能成为国内家族财富服务的重要力量。

第 9 章　信托投资实战问题汇总

9.1　刚性兑付是否真的存在

“刚性兑付”是指投资者并不用承担投资所带来的风险，与金融机构事先约定投资收益率，到期后无论项目是否发生风险事件，金融机构都按照约定本息进行兑付。在这个过程中投资风险就转嫁到了金融机构的身上，容易长期积累风险，最终影响金融体系的安全。

刚性兑付这个问题在法律层面上是不存在的，因为我国《信托法》明文规定，信托机构不得向投资者承诺本息安全。但是在实际的投资过程中，很多投资者就是冲着信托刚性兑付的客观条件去的，那么为什么会形成这种局面？笔者从三个参与者的角度剖析一下：

（1）管理层。防范系统性风险是金融工作的首要任务，这是行业最高指示。刚兑本身就是一种投资者转嫁风险给金融机构的行为，在极端情况下金融机构会不断累积违约风险，从而从根本上影响自身的运作与安全。而信托作为我国四大金融机构之一，在维护金融体系安全工作中是非常重要的一环。

（2）信托公司。

①国人投资观念、市场现实。首先，我们要明白的一件事就是国人投资过程中不仅仅是信托，所有的固定收益投资品都已经习惯了刚性兑付。所以无论哪一家机构的销售人员，讲解产品时重点讲风险，而不隐约地说“100%安全”，那就基本无法展业。其次，信托投资门槛非常高，《信托公司管理办法》《信托公司集合资金信托计划管理办法》等法规在 2007 年 3 月 1 日起正式施行，信托的实际投资门槛最低拉高到了 100 万元，而且有名额的限制，这也造成了实际投资过程经常要 300 万元为起点。2007 年 100 万元的起底投资额是一笔非常大的投资额，尤其考虑到中国家庭财富结构中，房地产占比超 7 成，所以信托公司在一定时期内展业是比较困难的，如果不暗示“刚性兑付”，基本就很难展业。最后，监管给予刚性兑付空间，打破刚性兑付这句口号喊了不

止十年，即使新资管条例出台，目前金融从业人员依然对其实施过程中的力度将信将疑。

②巨大的利润空间。刚性兑付是投资者将风险转嫁到金融机构身上，可机构并不是傻瓜。金融机构愿意是因为这里面有较大的利润空间，投资者虽然转移了风险，但是同时也放弃了合理收益的索取权。这里举两个列子：a. 处理抵押物，要求抵押物足值，流通性好。但是处理抵押物需要走大量的法律程序，还有拍卖等行为，这需要大量时间。信托公司可能会提前兑付本息给客户，而后处理的抵押物多余的货值就基本归信托公司所有。b. 浮动收益部分大多归信托公司所有。在地产类信托中无论是以地产投资基金运作，还是以股东身份运作，收益都是有一定浮动的，按照过去的经验，这些项目顺利推进后，利润率是投资者收益的数倍，但是往往这一部分投资收益与投资者无关。

因为刚性兑付的存在，投资者往往认为自身投资的是固定收益产品，只要拿到了合同标明的收益即可。可是从实际的运作上看，大量的信托类型并非纯借贷息差类。这种明文不承诺收益，却潜规则地实行刚兑，在极端情况下暗藏大量风险，而在投资失败又未刚兑时，就会出现大量投资者不理性的行为。

③信托牌照含金量。在过往大量的实质违约、坏账的信托案例中，我们可以发现大多存在信托公司严重失职的行为，甚至是内外勾结的情况。在这种情况下，很多信托公司都采用大事化小、小事化了的处理方式。因为信托牌照含金量极高，任何一家信托公司的控股权价值都可能是以百亿元为计价单位。这样的处理方式，可以最大限度地降低相关事情对于公司品牌影响。

（3）投资者。

①刚性兑付带来巨大安全感。从投资角度来讲，没有任何东西比 100%兑付更能给人带来信心，得到这个保证后，投资者就只用追求绝对的高收益了。这是人性使然，并没有什么问题。

②缺乏职业投资者素养。需要刚性兑付并不是问题，真正的问题是缺乏投资素养。因为一纸不成文的行业潜规则而决定自身的投资是非常不明智的行为。打个比方，这就如同因为一句“我爱你”，就决定开始一段婚姻。婚姻里拥有爱情当然是非常好的一件事情，可是爱情是不稳定的。一段婚姻从法理上说，《婚姻法》是它的保障，如同信托的法理保障。双方三观、经济、家庭客观匹配是基础，就如同一个信托项目，贷款者需要符合种种条件来确保还款。

截至 2019 年 8 月，现实的信托市场是“软刚兑”。软与刚本身是反义词，可是我实在找不到比这更合适的形容词，说白了目前的信托市场当一个项目发生违约风险时，信托公司会根据诸多因素决定是否进行刚兑。

第一，抵押品是否足值、可变现。

信托的风控措施非常多，但是最有保障的还是抵押贷款，而抵押品的核心关键是要足值、流通性好。当极端情况发生时，信托公司确定抵押品在一定的时间内可以冲抵掉项目违约的成本，那么信托公司会选择在确定物权后提前兑付本息给投资者。因为法律程序和变现的过程往往时间都不短，为了维护品牌信誉，又确定可以挽回损失甚至盈利，信托公司又何乐而不为呢？

正面案例：中融信托

在前文中提到的中融纯本百货中，项目违约抵押物是位于北京朝阳区的商业地产物业。像这种项目出现违约后，信托公司会第一时间评估和保全抵押物，如果认为抵押物足值、可流通，自然会先行支付投资者本息，以免造成自身信用受损。虽然在后面经过两轮司法拍卖和降价都不能处理掉，这几年商业地产价值也不断下降，但是这些都是后话了。

反面案例：众多商业地产抵押物

在近几年集合类信托的风控措施中，我们常看到一种现象就是一个混合地产项目中，开发商拿商业地产部分做抵押来获取贷款。这里面的问题是显而易见的，目前商业地产无论是商铺、写字楼，还是商业综合体内的格子铺，在流通性上都存在很大问题。开发商用估值水分最重、流通困难的商铺做抵押去盘活居民住宅项目。如果你不成功，他都没有办法变现的商业地产，对普通投资者也就失去了意义。

第二，项目的大小与品牌价值之间的损失比。

信托牌照的含金量很高，而金融本身就是以信誉支撑的行业，所以信托公司通常情况下是不愿意出现违约情况的。当相关信托项目的违约规模-追回的部分价值<品牌价值损失，这种情况下信托公司有很强的意愿进行刚兑。而这个规模的大小，每一家公司的标准都不同，这需要投资者自行按经验进行评估。

以下几条个人经验以供参考：

(1) 防范破罐子破摔型。68家信托公司中每两年至少有一家信托公司会出现业绩、排名、盈利等多项指标快速坠落的情况。这是因为在前几年这类公司在信贷环境良好时激进追求业绩增长，在这个过程中即使出现问题也会进行刚兑。但是在环境转向时，问题接二连三爆出后，就开始出现连续爆雷且无法解决的情况。这两年的中江信托、安信信托都是典型。当一家信托公司信誉受损时，反而容易选择一次性爆雷，从而将风险一次释放出来。反正普通投资者都是善忘的，过几年再重建品牌。

（2）大股东经济，信用状况出现问题。一家公司的所有经营行为都控制在大股东手中，依据对于大股东的研究来判断相关公司的经营行为至关重要。信托公司做项目出现问题是比较常见的，不同的大股东选择的对策是完全不同的。当大股东的经济与信用状况出现问题后，你很难指望其还会为信托违约项目埋单。

（3）一直在违约，信用从未好过。68家信托公司总体经营状况近十五年都保持着稳定发展，但是有少数信托公司这么多年却一直稳定地处于每年都出问题的状态。

（4）银行系信托公司刚兑意愿要强一些。信托公司中有一类信托公司比较特殊，就是其大股东是国有大型商业银行。这类信托公司的很多业务资源就是银行系外流出来的，如果出现问题，往往是牵一发而动全身，所以这类信托公司刚兑的意愿要强烈一些。

（5）大股东刚刚易手，重建口碑阶段。因为信托牌照一直没有新增，所以有很多企业想要进入这个行业就只能通过收购。在这个收购的过程中需要付出巨大代价，所以没有公司愿意在刚刚接手后砸了招牌。这也是雪松接手中江之后，为了解决历史遗留问题想出了收益权转让这一手法，未来为保住品牌信用，相信还会有很多其他措施。

（6）一直刚兑的品牌。信托行业中一直保持刚兑的公司大概有十五家。这是一把双刃剑，为保住招牌，不会轻易打破传统，但同时也会积累问题与坏账，到最后有可能出现巨雷，一次性出现巨大金额的违约事件。

第三，监管风向。

68家信托公司的经营行为受到银保监会的严格监管，当出现风险事件时，信托公司的领导干部必然需要考虑监管环境。如果监管环境严格，信托公司刚兑的意愿会明显下降，反之则上升。

信托公司对于违约信托的处理方式：当发生风险事件时，所有的信托公司都会采用冷处理的方式，尽量减少对公司信誉的冲击。相关项目的后续进展也只有项目参与者能够通过信托公司提供的账号与密码查询进度。这一点并没有实质性解决办法，信托本身的发行就是私下募集，对此类不利信息则更是要保密。所以相关数据、案例非常难收集，并不好判断违约项目的后续刚兑概率与比例。

在投资信托的过程中，安全的保证在于信托项目的顺利进行，实现贷款方、信托方、投资方三方共赢的局面。而不是指望信托公司刚兑，因为这其中有极大的不确定性因素，无论上面何种情况，投资者都很被动，命运任何时候都需要掌握在自己的手中。

9.2 信托的购买渠道与真假

很多信托的初次购买者都不知道到哪里购买信托，其实这个问题特别好解决，因为只用上百度搜索68家信托公司名单即可，再上相关信托公司官网联系客户经理，后面的事情信托公司会帮助你解决。虽然信托是卖方市场，但是每家信托公司还是会非常热情地欢迎百万级的豪客的。

购买信托的过程中，除了挑选信托以外还有其他的细节需要我们注意，因为这对于投资同样非常重要。

①核实打款账号。信托投资的打款过程对于初学投资者而言会非常没有安全感，因为理论上信托投资应该是先收到合同，再进行双录，再打款。但是从实际的操作上来讲，一般第一步就是打款，然后签订合同，再双录。因为信托是卖方市场，好的项目从成立到售空时间非常之短，而信托投资者未必和信托公司同属一地，寄填合同和双录无法快速完成。

这样，核实打款账号的真假就非常重要了，而且即使有信托公司直营财富部门人员讲解，也担心别人的身份有假，毕竟是百万级以上的投资。这里有两个小技巧，可以借鉴参考：

首先，信托打账只能打对公账户，所以只用认证核心打款账户与信托公司全称是否100%相同即可，任何私人账户都是假的。

其次，通过信托公司官网客服热线核实相关账号，在这个过程中通常银行工作人员并不会配合、帮助你，因为你从银行账户打几百万出去买信托理财对于银行是没有任何好处的。所以我们只能通过信托官网客服热线，虽然过程可能有一点麻烦，但是这对于投资安全而言非常重要。

②填写合同及双录。信托公司邮寄的合同通常都已经盖章签署，所以主要是投资者自己的部分要签好回寄给信托公司。通常签合同要进行录音录像环节，有的公司是通过App操作，有的是QQ，有的是通过官网，各有不同。这个环节会比较烦琐，但也没有什么难度。重点是签纸质合同前，信托公司会发电子版合同先让投资者预览，在这个过程中我们需要仔细阅读，明确双方权利与义务。

③确定成立时间与计息日：信托项目的计息日通常是在项目成立当天开始计息，所以打款前我们需要知道自身资金是否会浪费时间价值。同时项目的到期日，也是从计息日开始计算，明确这些投资者才好进行未来的资金规划。

9.3　信托投资中各个角色的思维分析

信托产品从根本上来说只不过是一纸契约，并没有真正意义上的实物，我们需要极为专业的解读与知识。另外，信托是不准公开募集的理财产品，所以信息差是天然存在的。因此在整个投资过程中，我们可以通过多种渠道和多个环节接触到各种各样的人，在处理与这些角色之间关系的过程中，需要知道他们在想什么、立场、专业水平等。

①信托业务员。

信托理财经理、投资顾问本质上讲都是业务员，他们都是以销售为根本导向，而专业投资素质是非常差的，销售技巧却是多种多样的。

上述这一点并不难理解，但是在实际的沟通过程中却还是会中种种套路，我们应注意以下几点：

首先，信托业务员所讲的信托产品的缺点有没有避重就轻，要思考他所讲的所有优点是不是真实存在。

其次，认清销售技巧，戒骄戒躁。信托最常见的销售技巧就是饥饿营销，再不买或是几号之前不买就没有了之类。大家一定要明白债务类投资面临的是断崖式风险，一旦错了那就是归零的风险，总体原则就是宁可错过，不可犯错。还应保持虚心，业务人员永远不会指出你分析的错误，也许确实没有能力，但是“顺毛摸”是基本技巧。投资过程中有不明白的地方可以上网查，询问其他机构人员之后再决定。

再次，感情用事，信任好人。笔者从业多年见过很多投资者因为感情用事而损失惨重。购买得起信托的投资者一般是智商在线的，有很强的分辨能力。骗子本身很难达到目的，但是好人则是另外一回事。金融机构的从业人员往往经过了培训，最优秀者就是完全相信公司绝对正确，公司产品绝对安全。根据其热情、人品、人格魅力、关系等与投资无关的因素来做决定，本身就有巨大的风险。所以如果你是一个金融从业人员，怀疑精神与专业学习能力是避免好心做坏事的基础。

最后，货比三家，不上当，不吃亏。这个是常识，甚至都不算什么投资技巧。只用相互比较，让相关人员互相点评一下，自然就心知肚明了。

②三方销售平台。因为信托投资群体不具备普遍性，同时又不能公开宣传，所以一些没有自建销售团队的信托公司会将自己的投资项目发包到三方销售市场进行销售。对于这类公司的理解要比信托公司业务人员复杂，因为其投

资范围更宽广，销售能力更强。简单来讲，“野生”的总是比“家养”的更强，同时路子也更野，但是不变的是他们依然是以提成为导向的。

与三方销售平台打交道过程中，还需要注意的是别一开始准备投信托，却在后面不知道被忽悠得买了什么。截至 2019 年 8 月，国内固定收益相对较高的领域也只有信托与具有公募基金资格的 100 多家资管公司是可信的。

③知识性大 V。随着互联网的高速发展，各种知识性大 V 层出不穷，但是其中有很多都最终变形成各种金融诈骗的帮凶。因为纯知识付费在目前国内生存环境艰难，最终很多大 V 不得不向高提成引流屈服。所以与知识性大 V 的接触过程一定要认清他的盈利模式，这个世界上最贵的东西，往往是免费的。很明显笔者也属于这一种，具体的就不自我辩护了。

④银行的私人银行部门。私人银行针对高净值客户会提供一些信托理财产品，但是收益率比同期同类的信托理财产品收益要低 1.5%左右，同时对于整个投资资产包会收一个年管理费用。这就属于店大欺客了，赚两边差价。同时私人银行的理财经理在信托投资专业上是普遍不合格的，这是中国银行业从业人员普遍问题。但也不是没有好处，因为银行有超强的谈判能力，往往可以在信托公司产品中优先挑选，同时有银行信用背书，总体在安全性上有一定加成。

笔者建议的应对方法：

(1) 兼听则明偏听则暗。因为资金是自己的，投资最终的决定和风险都得自己承担，在这个决策过程中收集产品各方信息，听取利益对立方的意见是最基本的原则。

(2) 让别人赚钱是一定的，但是要控制在合理范围内。

在信托投资过程中因为投资收益是相对固定的，很多投资者为了最大程度增加投资收益，甚至会和业务人员与第三方代销机构商谈销售费用分成的问题。这种做法实际上是与虎谋皮，暗藏巨大的风险，在这里笔者讲一个自己真实的小故事。

在十年前大学毕业前参加第一场招聘会时，笔者曾经问过一家金融投资类公司招聘经理一个问题：“为什么要做金融行业?”他的回答：因为金融每天都在跟钱和有钱人打交道，你离财富这么近，是不是离成功也比别人近。

每一个从事金融行业的人，尤其是信托这种富人理财工具，你接触的每一个从业者本身都是带有很强的赚钱欲望的。当其合理的收入需要分配给你时，那么他为了实现目标就有可能做出对你本金不利的事情。最常见的就是向你推荐高提成产品，这类产品往往自然也是风险较大的，这就容易得不偿失，当然还会有更加恶劣的情况发生。

但是我们也不应该让机构赚太多利益，在购买信托的过程中，完全可以绕开银行直接联系相关信托公司。因为相较于销售提成的小额价差，银行这种机构要赚取的收益要高得多。同时如果条件允许，还要搞清每款产品的销售提成，提成超出合理区间，往往是风险最显性的表现。

(3) 提高投资水平，系统学习，实战切磋，提升经验。

一次科学的信托投资决策，远比普通投资者想得要复杂，要想永远不处在“人为刀俎，我为鱼肉”的境地，需要的就是专业。信托投资都是大额投资，人生进入一定阶段，尤其是完成资本的原始积累，投资性收入最终会大于劳动性收入。人生的下半场，第一个要学的技能就是投资技能，系统学习相关知识是很有必要的。

9.4 资金门槛要求的不同有何含义

目前在市场上购买信托基本上分为小额300万元以下、100万元起，大额300万元及以上两种，当然还包括1000万元以上。这几种资金门槛对于我们投资信托过程有什么意义？

①小额投资处处受限，产品质量，投资收益总体相对差一点。因为相关条例明确限制了小额投资者的名额，所以很多发款额较高的项目中，基本没有小额的购买名额。同时一些较小的项目，即使项目质量较差，也面临着大量投资者的竞争。这个时候产品的好坏已经不重要了，因为能抢到就算是比较幸运的了。同时信托在大小额投资收益上一般会相差0.5%，也就是说钱越少，收益越低，以上种种都是供需关系所决定的。

②资金少，不利于分散投资。不要把鸡蛋放在一个篮子里，所以投资过程中大家会选择将资金进行分散与分类投资。可是现实是如果你只有300万元，却硬要分散到三款产品之中，除了收益损失以外，你做的事情只不过是将鸡蛋放到三个质量较差的篮子中。信托是一个门槛很高的投资门类，钱多钱少差别是很大的。

③小额投资量力而行。信托的高门槛意味着这是给高净值人群、高风险承受能力者所提供的理财产品，如果你的家庭资产除去房地产以外只有100多万元，勉强购买信托，因为选择面窄，投资能力不足，万一碰到风险事件，则意味着整个家庭财务的崩溃，这是十分不理智的行为，所以笔者建议投资信托还是要量力而行，谋定而后动。

9.5　信托市场数据与信息收集技巧

一、收集数据与信息的几大渠道

因为信托产品属于契约产品，没有任何实物形态，所有的投资要素都是信息化的，这时信息的收集与过滤能力就显得非常重要。但是我们需要注意一点问题，信托属于小众理财产品，那为什么又有媒体专业做这个呢？这一点与传媒需要的传播性正好相反，没有传播性又要盈利，这个天然矛盾如何解决呢？收集数据与信息又有哪些渠道呢？

①传播性财经媒体。各大门户网站都有财经专栏，通常一款信托产品出现违约事件时，这类媒体都会有相当数量的报道。但是从专业角度讲，已经发生的事情对于投资的决策价值并不大。而信托对于这类网站来说在财经板块中也属于非常小的一块业务，关注度远远低于其他投资品种。它们的盈利方式也是通过各类广告业务来获取，并没有什么问题。所以这类网站对于我们投资信托来说意义并不大，这个只能用于收集泛财经信息。

②三方类信息。市场上有很多网站就直接命名为××信托网，甚至是直接以信托命名。这些网站一般是信托三方代销机构在后台运营，这类网站提供的信息与分析文章往往都是直接与信托投资相关。例如会提供各地区的财政数据分析、网红地区或网红平台的深度分析文章、行业数据等。其对于我们的信托投资决策是非常有帮助的，但是缺点也是显而易见的，因为它们最终还是通过卖信托产品来实现盈利。在这种情况下，它们的相关文章客观性就值得商榷了，所以我们在阅读其相关信息时，一定要有所过滤，不可全信。

③自媒体大 V 类。随着微信公众号、头条号、蚂蚁财富等众多自媒体和泛财经平台的快速发展，知识性大 V 成为新一代核心网红。很多投资者都会通过各式各样的平台关注学习相关大 V 的文章与投资课程。在这里我们就需要搞明白他们最终的变现方式，例如某大 V 的头部财经公众号将所有权以超过十亿元的价格卖给一家上市公司后，就开始了大规模商业化运作。从过去的单纯课程与线下活动盈利转变成以卖境外保险为主要盈利方式，毕竟仅靠卖课程收益是极为有限的，上市公司花了超过十亿元的代价，必然会追求更高利润的领域。

相对而言，信托专业领域公众号相对较少，笔者创立的艾财爱家也绝不是以公益为目的。笔者是希望通过信托筛选出高净值群体，然后进行知识付费的信托投资咨询。这样并不是以销售提成为主导，相对会客观专业一些。

高净值人群是所有金融机构、大V争相占领的资源，其中不乏黑色金融群体。有很多相关自媒体是以信托为幌子，将投资者引导到其他高风险领域甚至投资骗局。

所以自媒体大V是两面性非常强的一个信息源，在筛选的过程中需要非常注意其中的风险，关注大V的专业性、职业操守，重点是搞明白他的立场，也就是获利方式，这才是一切真相的底层。

④机构风险查询平台。每一份信托产品都会有一个责任主体公司，我们需要通过各种查询公司信用状况的软件进行查询。

这其中我们需要查询的基本问题包括：

a. 项目是否存在自融嫌疑。自融是金融投资过程的头号风险，这一点不仅仅存在于P2P、私募契约型基金、大型资管等中。在信托体系中，笔者认为68家信托公司至少半数信托公司有过或正在自融。因为企业对于资金的需求是天然的，而信托牌照的业务范围非常灵活，基本上可以用任何形式进行产品设计，这为大股东进行资金自融提供了极大的方便。所以在投资任何项目时，我们一定要梳理清楚中介方与融资方之间的股权关系。

b. 项目责任主体及关联公司是否存在法律风险。这方面的信息可以通过很多软件查询到，关键是看是否存在大量的民事经济纠纷，打官司不要紧但是是否都是获胜方，还有关联公司的状况同样值得高度警惕。

c. 项目责任主体的实际控制人情况评估。一家公司的行为终究还是要落实到实际控制人的评估，我们需要知道实际控制人的经济实力、资本运作手法、经营风格、行业口碑等，切不可仅仅因为名气或是其他不可界定的事项进行判断。

例如，我们发现某大型民企近两年在全国范围开始大规模开发商业地产项目，同时在各大信托和资管公司进行融资，其名下所有的大型企业同时在进行融资，杠杆率不断抬升。其实际控制人在全国范围内知名度非常高，是多家上市公司的实际控制人，但是其快速发展的过程中一直存在高杠杆问题。

这个时候我们就不能从单个融资项目出发，需要从全局判断该项目的安全性问题，因为这种高杠杆快速发展的模式风险极大。这时首先我们需要分析商业项目行业总体前景，其次我们需要拿出个别项目进行单项分析，去判断其运作方式，当我们发现这个项目融资量极大，但是银行融资比重却小于信托、资管等高息借贷时，更应该提高警惕。

⑤活用搜索引擎。

我们所处的时代是一个信息时代，金融投资本身只不过是一纸契约，其核心就是信息。所以搜索信息是决策的重要一环，这其中的工作并没有那么复杂，只需要活用百度即可。

a. 常备查询网站。中国银保监会官网、中国证监会官网，这两个网站是我们查询金融机构资质的官方平台，也是我们查询自己购买产品的真实性，查询相关金融类公司过去的执业记录最权威的平台。这在查询资管公司、私募型契约基金时是非常重要的一环。

b. 黑历史查询。空穴来风未必无因，无论是信托公司还是融资方的黑历史，在互联网高度发达的今天都一定会在互联网上留下蛛丝马迹。这些黑历史有真有假，这需要我们自己去判断。例如，如果你买南京建工的相关信托前，必然会查到之前的刑事案件。你就会明白企业为了贷款，不惜一切代价，必定有问题。再或者你想买外贸信托的消费贷类的信托产品时，上企业天眼查，你就会发现成山的法律诉讼案件，这时你就会想一下如此多的诉讼，其坏账率情况需要重点关注。

二、关注财经数据与行业动态

笔者推荐媒体如下：

宏观经济分析：泽平宏观，目前个人认为国内在宏观面分析比较好的公众号，尤其考虑到其背后的恒大研究院对于房地产市场掌握着第一手一线行业资料，比单纯的纸上谈兵宏观分析账号更有价值！

信托行业信息：用益信托网，这是一个第三方信托销售机构，难免会有一些销售产品的倾向。但是这是一个老牌的信托行业专业信息网站，对于行业信息的披露还是比较全面与及时的。

专业评测：艾财爱家，专业从事信托公司与产品评测的自媒体平台，因为不归属任何机构，以收评测费用为主导。

三、记录信托违约及风险冒头事件

信托属于高息贷款，违约事件并不算少，我们通过各种媒体可以发现，只要是有较大的债务违约时，总会有信托公司的身影。但是每家信托公司都对自己的违约情况采取冷处理，尽力隐藏。所以我们没有办法通过数据进行对接对比，只能通过自己的收集与积累来完成相关工作。

2018 年信托市场的违约案例与分析，有兴趣的人可以关注“艾财爱家”，输入关键字“2018”获取！

在分析这些违案例时，我们需要重点分析的是违约案例的类型、金额、风控失位的原因等，从而判断是公司问题还是大环境问题，最后才是风控是否能够发挥作用，为未来在选择信托公司与产品时提供参考。

【信托投资经验杂谈】

（1）正视风险，不要选择性听取意见。

“不怕一万，就怕万一”对于投资来讲实在是至理名言，因为真正的风险是未知因素。在从事职业三方理财师过程中笔者帮助大量的投资者分析产品，最重要的工作就是剖析项目的风险。在分析每一款信托产品时，笔者都会将其中的风险列举出来，可是最后发现绝大多数人却不敢购买了，反而容易相信一般销售人员的“这是一款完美的信托产品”“过去我们公司信托产品都保持着刚兑”之类的话。

其实整本书笔者都在给大家证明一件事情，就是信托是高收益固收类最佳的理财品种，但同时一定是有风险的，每一款信托产品都一定是不完美的，这是由信托“合法高息贷”的本质所决定的。购买信托的过程中我们一定要直视风险，理清投资思路，做好最优选择，同时为自己的选择负责，而不是指望任何其他条件。

（2）被投资者问得最多的一个问题是：“有哪些信托公司从来没有违约过?”

投资过程中我们都需要安全感，总希望有人或是有理财产品能给我们一些“定量”来让我们获得安全感。可是这世间唯一不变的就是变化，任何投资品在产生收益的同时，也必然是有风险的，安全永远只是一个相对概念。

68 家信托公司的销售人员在一定时期都喜欢给客户讲这一句话，就是“我们公司过去 100%兑付”，直到今天依然有很多信托销售人员是这样。从未拒兑的真相可能是信托公司不停吃进坏账，用发新还旧的方式粉饰太平，直到有一天爆雷，你会发现违约金额就是大几十亿元，甚至上百亿元。

从另外一个角度看信托公司，信托产品、市场、利率、社会经济等诸多因素都在不停地变化，同时影响着信托产品兑付情况。我们需要保持变化的眼光去看待信托市场的一切要素，不断收集信息，独立思考。

（3）化繁为简，严明投资经律。

越简单越接近事情的本质，在投资过程中都有一个学习、丰富、系统、实战、总结的过程，但是到最后却是化繁为简。很多问题的答案是非常简单的——为什么信托比私募好？因为违约成本高。为什么中国无风险边界的固定收益理财产品如此之高？是因为中国房地产对于资产的虹吸效应强，行业暴力可以承受高息贷款。

我们投资信托的准则永远只有三条：

①谁借钱？为什么不到银行借而借信托？

②拿什么还钱？还钱的方式就两种：借鸡生蛋，借新还旧。

③如果不还钱，我们将如何保障本息？

最后送大家一句话："信托绝不是完美的理财产品，但却有可能是目前国内固定收益类产品中保值与安全性最接近平衡的选择！"